AI가 못하는 일

인공지능총서

인공지능 시대입니다. 기계가 인간의 인지를 대신하고, 사물이 인간을 통하지 않고 다른 사물과 직접 커뮤니케이션합니다. 이에 따른 인간 삶과 문명 변화를 정확히 이해·예측·대응하는 것은 이 시대 우리 모두의 과제입니다. 인공지능총서는 인공지능 기술과 환경의 여러 주제를 10가지 키워드로 정리합니다. 관련 개념과 이론, 학계와 산업계의 쟁점, 우리 일상의 변화를 다룹니다. 인간과 기술의 현재, 미래를 세심히 분석합니다.

일러두기

- 인명, 작품명, 저서명, 개념어 등은 한글과 함께 괄호 안에 해당 국가의 원어를 병기했습니다.
- 외래어 표기는 현행 어문규정의 외래어표기법을 따랐습니다.

처음이세요?

전문가세요?

AI가 못하는 일

소병수

대한민국, 서울, 커뮤니케이션북스, 2025

AI가 못하는 일

지은이 소병수
펴낸이 박영률

초판 1쇄 펴낸날 2025년 9월 18일

커뮤니케이션북스(주)
출판 등록 2007년 8월 17일 제313-2007-000166호
02880 서울시 성북구 성북로 5-11
전화(02) 7474 001, 팩스(02) 736 5047
commbooks@commbooks.com
www.commbooks.com

ISBN 979-11-430-0825-1 03500

책값은 뒤표지에 표시되어 있습니다.

차례

AI 시대, 인간의 역할을 다시 묻다

인공지능의 등장

"앞으로 회사의 IT 부서는 'AI 직원(에이전트)'을 관리하는 인사팀 역할도 하게 될 겁니다" 미국의 반도체 설계 기업으로 유명한 엔비디아(NVIDIA)의 최고경영자(CEO) 젠슨 황(Jensen Huang)이 2025년 1월에 열린 미국 소비자전자제품박람회(CES) 기조연설에서 이렇게 말했다. 그는 조만간 IT 부서가 인사 부서처럼 인공지능(AI, Artificial Intelligence)을 관리하게 될 거라고 예측했다. 일반적으로 회사의 인사 부서에서 직원을 채용하고 업무를 맡기는 것처럼, IT 부서가 필요한 AI 직원을 선정하고 평가할 날이 온다는 것이다. 머지않은 미래에 AI도 인간 직원처럼 회사의 구성원으로 대우받고 평가되는 시대가 된다.

AI라는 도구는 인간이 긴 시간을 들여서 해야 하는 일을 빠르고 정확하게 해 준다. 그렇지만 AI가 활용되기 힘든 영역도 여전히 존재하며 이러한 경우에는 인간이 주도적인 역할을 하고 있다. AI가 주로 활용되는 분야와 활용이 어려운 분야를 이해하려면, 먼저 AI 기술의 특성과 인간 창의성의 차이를 이해해야 한다.

지난 10여 년간 AI는 심층 학습(Deep Learning), 대규모 언어 모델(LLM, Large Language Model), 생성형 AI(Generative AI) 분야에서 많은 기술 혁신이 있었다. AI는 단순 반복 작업을 넘어 텍스트 작성, 이미지 생성, 음성 인식 등 다양한 분야에서 인간과 비슷하거나 그 이상의 성능을 보이고 있다. 특히 AI의 데이터 분석과 학습 능력이 고도화되면서 자동화와 최적화가 가속화되었고, 그 결과 생산성과 작업 효율성이 크게 향상되었다.

AI 기술이 빠르게 확산되는 영역은 주로 반복적이고 규칙이 명확한 분야다. 제조업의 조립 라인 작업, 물류와 배송 업무, 데이터 입력이나 간단한 고객 문의 응대 등이 대표적이다. 제조 공장에서는 로봇과 AI 시스템을 활용해 24시간 쉬지 않고 생산 라인이 돌아가며 생산 능력과 생산 품질을 높인다.

금융기관 고객 센터에서는 AI 챗봇이 고객 상담 업무를 처리하고 고객 대기 시간을 줄이는 데 기여한다. 그 덕분에 상담 직원들은 긴급한 고객 상담에 집중할 수 있게 되었다. 또한 AI 번역 기술의 발전으로 외국 문서의 번역이 손쉬워졌고, 자율주행 차량 기술은 택시와 배달 운전 시장에 혁신을 가져왔다. 이러한 자동화는 단순 업무뿐만 아니라 일부 전문 분야에서도 적용되며 많은 기대를 모으고 있다.

하지만 여전히 AI는 대부분의 영역에서 인간을 완전히 대체하지는 못하고 있다. 많은 분야에서 AI와 인간은 상호 보완적인 협력 관계로 발전하고 있다. '반복적'이고 '단순한' 작업은 AI가 맡고, 인간은 새로운 업무의 기획, 창의적인 문제해결, 비판적 사고, 윤리적 판단 등 '창의성'과 '판단력'이 요구되는 역할에 집중한다.

인간이 여전히 주도적인 역할을 하는 분야에는 특징이 있다. 대표적으로 감성이나 직관 같은 심리적인 분야와 사회 문화적 이해가 필요한 직업군이다. 의료 현장에서 의사는 환자의 건강 상태뿐 아니라 불안과 고통 같은 심리적 상태도 진단하고 관찰하며 치료 계획을 세운다. 교육 현장에서도 교사는 학생들의 학습 스타일과 관심 분야 등을 살핀 후 맞춤형 지도와 상담을 한다.

법률 분야에서도 판사와 변호사는 단순 법률 지식뿐 아니라 사회 정의와 윤리, 피해자의 억울하고 복합적인 상황을 종합적으로 고려하는 능력이 요구된다. 이러한 직업들은 단순하지 않아서 자동화가 쉽지 않다. 이는 복잡하고 비정형적인 인간 경험과 가치 판단이 핵심 요소이기 때문이다. 따라서 이러한 분야에서 AI는 정보를 제공하거나 분석, 지원 역할을 하면서 인간이 최종 결정을 돕는 보조 도구 역할을 충실히 하게 된다.

창의적 예술 분야와 문화 산업 역시 인간이 주도하는 영역이다. AI는 그림, 작곡, 작문 등의 행위를 하지만, 작품에 속에 인간의 감정과 경험, 사회적 의미를 담는 것은 인간 예술가의 몫이다.

물론 AI는 주어진 데이터를 바탕으로 유사한 스타일의 창작물을 만들어 낼 수 있다. 그러나 AI의 활용 수준은 여전히 제한적이다. AI는 창작 도구 정도로 활용되며, 인간은 AI가 제안한 아이디어를 참고해 이를 재해석하거나 새로운 작품을 만드는 데 점점 더 많이 활용하고 있다. 이처럼 AI는 인간에게 아이디어를 제공하는 도구가 되며, 인간은 AI가 생산한 결과물을 아이디어 소재로 활용하거나, 이에 윤리적 의미와 사회 문화적 가치를 부여하는 역할을 한다.

그럼에도 지도자, 상담사, 사회복지사같이 인간적 경험이 상황 판단에 큰 영향을 주는 일은 AI가 쉽게 대체할 수 없는 분야다. 기업 경영과 전략 수립, 복잡한 협상과 정책 결정은 인간의 종합적 판단과 사회 윤리적 고려가 필요하다. 물론 기술 발전이 거듭되면서 인간이 여전히 핵심 역할을 수행하는 영역에서도 AI가 인간을 돕는 기회가 늘어나고 있다.

한편 AI 도입으로 고용 환경이 변화되면서 예상했던 문제들이 나타나고 있다. 특히 AI로 대체되는 일자리와 새롭게 창출되는 일자리 간의 불균형은 고용 불안과 소득 격차 심화가 발생할 우려가 크다. 따라서 앞으로 우리들은 AI 활용 능력과 디지털 역량을 갖추고, 창의적이고 통합적인 사고력을 기르는 과정이 필요하다. 기업과 정부도 AI 기술 도입과 함께 인간과 기술이 조화롭게 발전할 수 있도록 이를 지원하는 정책과 제도 마련에 힘써야 한다. 이는 AI와 인간의 공존과 지속 가능한 성장을 위해 중요한 토대다.

정리하자면, AI는 인간이 해 오던 일을 완전히 대체하기보다는 인간의 업무 효율과 창의성을 증진하는 도구로 자리 잡는다. 인간은 AI가 흉내 낼 수 없는 공감, 윤리, 창의성 등 고유한 역량을 바탕으로 지식 창출과 정서적 가치 활동을 주도한다.

단순 반복적 업무는 AI에 맡기고, 인간은 고차원적이고 창의적인 역할을 맡는 것이 바람직하다. 이미 AI와 인간이 서로 가지고 있는 장점을 살리며 함께 발전하는 협력의 시대가 시작되었으며, 이것이 곧 미래 사회의 핵심

동력이자 지속 가능한 발전의 기반이 될 것이다.

AI 시대의 '인간다움'이란?

1992년 팝의 황제 마이클 잭슨(Michael Jackson)은 〈힐 더 월드(Heal the World)〉라는 곡을 발표했다. 이 노래는 전 세계의 어린이들에게 희망을 주고, 서로 사랑하고 아껴 주며 더 나은 세상을 만들자는 메시지를 담고 있다. 아름다운 선율과 함께 시대를 대표하는 가수가 부른 이 노래를 들으면 우리의 마음도 금세 따뜻해진다.

AI가 세상을 바꾸고 있다. AI 덕분에 전에 없던 편리함과 자유로움을 누릴 수 있다는 기대, 손쉽게 전문 지식을 수집하고 접할 기회, 비즈니스의 성공 확률을 높일 방법 등이 생겨나고 있다. 그러나 AI의 등장으로 인간이 가진 가치를 잊거나 대수롭지 않게 여기는 안타까운 일도 있다. 그렇다면 AI 시대에도 '인간다운' 삶을 위해 잊지 말아야 할 것은 무엇일까?

우리의 삶은 순간순간의 선택으로 이루어진다. 예를 들어 무엇을 먹을지, 집을 어떻게 꾸밀지, 어떤 영화를 볼지, 누구와 인간관계를 맺을지 고민하고 결정한다. 이런 선택들이 쌓이면서 각자 '나다운 삶'을 그려 나간다. 결국 중요한 것은 나만의 철학을 가지고 다양한 시도와 도전을 멈추지 않는 것이다. 그래야 비로소 나의 인생을 사는 것이다.

오늘날 AI 기술의 등장으로 '인간다움'이라는 의미를 고민하게 된다. AI가 점점 더 복잡하고 정교한 창작물을 만들어 내면서 인간다움의 정의도 다시 조명받고 있다. AI 시대에 인간다움이란 무엇인지, 그리고 인간 고유의 특성인 공감, 윤리, 창의성이 지니는 가치는 무엇인지 탐구하는 것은 미래 사회를 이해하고 준비하는 데 꼭 필요한 일이다.

인간다움이란 무엇인가에 대한 질문은 인문학과 철학, 종교 등에서 오래전부터 논의되어 왔다. 과거에는 인간다움을 인간이 가진 이성적 사고와 언어 능력, 사회적 규범의 준수 등에 초점을 두었다. 인간다움은 인간이 가진 본질적인 특성인 타인과 소통하고 공감하며 도덕적으로 판단하고, 창조하는 능력에 뿌리를 둔다.

한편 현대 사회에서 인간다움은 단순한 생물학적 존재를 넘어 복합적인 인간관계와 사회 가치를 반영하는 개념으로 확장되고 있다. 인간다움은 타인의 감정을 이해하고 배려하는 공감, 개인의 자율적 판단을 존중하는 사회적 분위기, 문제를 새롭게 바라보고 해결하는 창의성에서 가장 잘 드러난다. 거기에 더해 최근에는 인터넷 환경과 디지털 기술의 발전, 그리고 개인화한 경험이 일상화하면서 '타인과의 관계 형성'과 '내면 가치의 추구'에도 중점을 두게 되었다. 앞으로 인간다움의 의미는 더욱 복합적이고 섬세한 정서적 차원까지 포괄하며 진화해 나갈 것이다.

AI와 인간의 차이를 이해하려면 각각의 사고방식을 비교해 보는 것이 도움이 된다. AI는 '분석적 사고'를 한다. AI는 데이터를 냉정하게 계산하고 분석해 정해진 알고리즘에 따라 판단을 내린다. 반면 인간은 상황에 따라 '분석적 사고'와 '직관적 사고'를 한다. 인간은 자기가 가진 정보와 지식에 따라 분석적으로 판단을 한다. 그리고 전혀 새로운 상황이나 돌발적인 상황에는 지식이나 정보가 없어도, 자신이 가지고 있는 경험과 감각에 따라 빠르고 직관적인 결정을 내리기도 한다. 이는 새로운 상황에서도 유연하게 적응하고 효과적으로 대처할 수 있는 강점으로 작용한다.

인간의 직관은 경험이나 정보가 없어도 '느낌' 또는 '감'으로 문제를 인식하고 해결책을 찾는 데 도움이 된다. 예를 들어, 흉부외과 의사가 환자의 얼굴 혈색만을 보고 직관적으로 질병을 추측하거나, 스포츠 선수가 상대편 선수의 미묘한 표정이나 제스처를 읽고 이어지는 플레이를 예측하는 능력이 이에 해당한다. 그러나 AI는 오직 훈련받은 데이터와 규칙(알고리즘)에 따라 작동한다. 이러한 차이 때문에 AI는 인간처럼 상황을 다각도로 판단하고, 경험에서 우러나오는 창의적인 해결책을 내는 데 한계가 있다.

오늘날의 기술 발전 속에서 인간다움의 개념은 여러 도전에 직면한다. AI와 로봇이 수행할 수 있는 영역이 확대되면서 인간'만'이 할 수 있는 일이 무엇인지 새로운 정의가 요구된다. 사실 그 정의는 지금 이 순간에도 계속 변화하고 있다. 실제로 AI가 노래나 그림을 창작하기도 하지만, 작품에 '의미'를 부여하고 이를 해석하는 능력과 감성적 공명은 인간의 영역이다. 인간다움은 기술 발전에 따라 형태는 달라질 수 있으나 그 핵심 가치는 유지되며 심화한다. 기술은 인간다움을 해체하는 대신 새로운 방식으로 확장하는 역할을 한다.

공감은 인간다움을 정의하는 핵심 개념이다. 이는 타인의 감정과 심리를 직관적으로 이해하며, 감정적으로 연결될 수 있는 능력으로, 사회적 유대와 협력에 필요하다. 오랜 진화 과정을 거쳐 인간에게 내재된 이 능력은, 사회 유지와 발전에 중요한 토대가 되어 왔다.

기술의 발전은 공감의 기회를 확장하기도 한다. 예를

들어, 사회관계망서비스(SNS)를 통한 디지털 소통은 시간과 장소의 제약을 넘어 새로운 연결을 가능하게 한다. 그러나 친한 친구와 직접 만나 이야기를 나누는 소통 방식에 비해 공감의 깊이나 밀도에서는 한계를 보인다. 또한 AI는 공감 같은 감정적 변화를 스스로 경험하지 못하고, 입력된 데이터를 기반으로 이를 흉내 내는 데 그치기 때문에 진정한 공감을 구현하기 어렵다. 따라서 공감은 디지털 환경 또는 AI가 쉽게 대체할 수 없는 인간다움의 본질적인 특성으로 남아 있다.

이와 함께 윤리성도 인간다움의 중요한 구성 요소다. 윤리는 개인과 사회가 서로 조화롭게 살아가기 위해 지켜야 하는 규범과 가치 체계다. 인간은 스스로 도덕성을 인식하고 판단하며 책임 있는 행위를 선택한다. AI 역시 사회적 합의로 도출된 윤리 가이드라인 안에서 설계되고 활용되어야 예상치 못한 문제의 발생을 예방할 수 있다. 기술적 특성상 AI는 사전에 입력된 데이터에 따라 작동할 뿐, 참고할 데이터가 없는 상황에서 스스로 윤리적 판단을 내리고 책임을 지는 것은 불가능하다. 오히려 인간이 AI의 윤리적 기준과 작동상의 한계를 잘 관리하고 감독해야 한다.

창의성은 인간다움을 드러내는 또 다른 핵심이다. 창

의성은 기존의 틀을 넘어 새롭고 독창적인 아이디어나 결과물을 생성하는 능력이며, 이는 AI가 인공적으로 모방하는 것과 다른 개념이다. AI는 대량의 데이터를 기반으로 패턴을 만들지만, 일반적으로 창의성에는 인간의 직관, 경험, 문화적 배경이 깊게 작용한다.

최근 국내외 학계와 산업계에서는 AI와 인간다움을 결합한 다양한 연구가 진행 중이다. 이를테면 AI는 단순 반복 작업을 담당하고 인간은 AI가 대체하지 못하는 문화적 가치, 인문학적 성찰, 정서적 교류를 담당하는 상호보완적인 '협업 모델'이 주목받는다. 이러한 변화는 '인간다움'이 단순히 생물학적 특성이나 지능의 문제를 넘어 사회적, 윤리적, 문화적 의미를 지니는 종합적 개념임을 알려 준다.

한편 철학자들은 AI 시대에 인간다움을 재정립하기 위해 끊임없는 고민과 자기성찰이 필요하다고 제안한다. 인간다움을 단지 예전의 모습 그대로 유지하는 것이 아니라, 변화하는 시대 속에서 새로운 형태로 재구성하고 발전시키는 노력이 중요하다는 것이다.

결국 인간다움은 공감, 윤리, 창의성이라는 인간 고유의 특성에 기반을 두며 기술 발전 속에서 그 의미와 중요성이 변화한다. AI가 발전하며 인간과 기계의 경계가 모호해지는 시대에도 인간다움은 인간 사회와 문화의 중심에 자리 잡을 것이다.

기술은 인간의 한계를 극복하는 도구이자 인간다움의 실현을 위한 새로운 기회의 영역이다. 따라서 미래 사회에는 인간 고유의 특성을 이해하고 존중하며, 이를 바탕으로 AI와 협력하는 능력이 더욱 중요해질 것이다. 앞으로 이러한 변화를 주목하고, 인간다움의 의미를 깊이 고민하며 미래 사회를 대비해야 할 것이다.

AI 시대의 도덕성과 윤리 문제

2021년 국내에서 발생한 AI 챗봇 '이루다'의 차별적 발언 논란은 우리 사회에 큰 충격을 주었다. 이 AI 챗봇은 특정 성별에 부적절한 언급을 반복해 사회적 논란이 되었고, 결국 해당 서비스가 중단되며 부정적 인식을 남겼다. 이 사건은 AI 기술이 단순한 도구 이상의 사회적 영향력을 지니고 있음을 명확히 보여 주었고, AI 시대에 도덕성과 윤리 문제가 얼마나 중요한지 다시 한번 확인시켜 주었다.

AI 기술이 우리의 일상 속 깊숙이까지 자리 잡게 되면서 기술 발전이 가져오는 윤리적 문제와 해결 방안 역시 더욱 복잡해지고 어려워졌다. 이러한 문제들은 AI 이용자라면 누구나 한 번쯤은 접해 봤을 정도로 우리 사회 전반에 영향을 미치고 있다. AI 윤리에 대한 관심과 이해는 매우 중요하다. AI의 개발과 활용 과정에서는 발생 가능한 윤리 문제를 고민하고, 이를 예방할 윤리 기준이 무엇인지에 대한 논의가 반드시 이루어져야 한다.

첫 번째 핵심 논의 과제는, AI 개발과 활용에 어떤 데이터를 활용할 것인가다. AI는 대량의 데이터를 학습해 판단을 내리는데, 이 과정에서 충분하지 않은 데이터, 인간의 편견, 거짓된 정보 등이 포함된 부적절한 데이터가 사용될 경우 판단의 정확도가 떨어질 수 있다.

실제로 직원 채용을 위한 AI가 특정 인종이나 성별, 사회적 소수자에 대한 편견이 포함된 데이터를 학습해 채용 후보자에게 불공정한 판단을 내린 적이 있다. 또 다른 예로, 병원에서 찍힌 사진 속 인물 중 백인을 의사, 흑인을 환자로 단정해 버리는 오류도 있다. 만약 AI가 특정 인종 집단의 범죄율이 높다고 평가한다면, 이는 수집된 데이터에 편향이 있거나 알고리즘에 윤리적 문제가 없는지 확인해야 한다. 이러한 판단이 이루어진 과정도 철저히 검토해야 한다. 이는 AI가 편견이나 감정 없이 기계적 연산을 수행하는 것처럼 보여도, 부적절한 데이터도 비판 의식이나 사실 검증 없이 학습하는 실수를 저지를 수 있다는 점을 의미한다. 이처럼 데이터 편향 문제는 AI 개발자와 이용자가 반드시 인지하고 해결해야 할 윤리적 과제다.

AI가 무분별하게 개인정보를 수집하거나 활용하는 문제도 심각하다. AI를 학습시키기 위해서는 많은 데이터가 필요한데, 이 과정에서 개인의 동의 없이 개인정보가 사용되거나 제3자에게 제공되는 경우가 발생한다. 개인정보의 위법한 활용이나 유출은 단순한 기술적 실수를 넘어 법률상 보호되어야 할 개인의 권리를 침해하는 중대한 문제다. 실제로 AI 챗봇 '이루다'는 서비스 과정에서 수집된 개인의 대화 내용이 무단으로 수집되고 활용되어 사회적 문제가 되었다. 이러한 사례는 AI 활용에 대한 사회적 불안을 키우고 기술에 대한 신뢰를 떨어뜨리는 원인이 된다. 따라서 이러한 AI 기술 활용에 대해 명확한 법적 기준과 많은 홍보가 필요하다.

또 한편으로 AI 기술의 악용 문제도 윤리적 판단 대상이다. AI는 그 자체로는 선악의 개념이 없으며, 인간이 어떻게 활용하느냐에 따라 긍정적 혹은 부정적 결과가 발생한다. 예를 들어, 딥페이크 기술로 개인정보를 조작하거나 허위 정보를 만들고, 이를 범죄에 악용하는 사례가 있다.

AI의 발달이 악의적 목적으로 악용될 수 있다는 점은 기술 이용의 부정적 요소다. 이러한 문제를 해결하기 위해서는 AI 기술 발전과 함께 윤리적 가이드라인과 구체적인 처벌 기준이 마련되어야 한다. 이와 함께 AI의 행위를 감독·통제할 수 있는 '비상정지 버튼(Kill Switch)' 같은 안전장치의 마련 방안도 고민해야 한다.

편리한 서비스가 늘면서, AI와 인간이 상호작용을 하면서 생기는 도덕적인 문제도 고민거리로 떠오르고 있다. AI 챗봇을 대상으로 한 성희롱, 폭언, 학대는 단순히 AI에 대한 태도나 감정의 문제가 아니다. 이는 우리 사회 전체에 미치는 심각한 문제로 이어질 수 있다. 왜냐하면 인간이 AI에게 폭력적 언행을 반복하면, AI는 이를 그대로 학습할 가능성이 있기 때문이다. 이렇게 학습된 언어 폭력은 AI를 매개로 다시 인간에게 돌아오는 부메랑이 된다. 이러한 문제 역시 윤리적 차원의 고려가 필수다.

두 번째 핵심 논의 과제는, AI가 인간이 정한 윤리 기준을 적절히 준수하도록 하는 방안을 마련하는 것이다. AI 시스템에 윤리적 판단과 행동을 구현하기 위해서는 기본적으로 윤리적 규범과 이에 맞는 알고리즘이 필요하다. 개발자들은 AI가 편향 없이 공정하고 투명하게 작동하도록 설계하고, 설명 가능성과 책임성을 확보하려 노력하고 있다. 대표적으로 AI 알고리즘의 결정 과정과 이유를 이용자에게 설명해 주는 '설명 가능한 AI(XAI)'가 있다. 이를 통해 AI 구동에 대한 이해와 신뢰도를 높이고, 부적절한 판단에 대한 개선 방안을 마련한다.

구글, 애플, 메타 같은 글로벌 IT 기업은 자체적으로 AI 윤리 위원회를 설립해 AI의 위험성과 윤리적 이슈를 논의하고 대응 지침을 마련 중이며, 제도적 규제와 연계해 AI 활용의 책임 소재를 명확히 하기 위해 노력한다. 국가적 수준의 제도로는 유럽연합의 AI법이 대표적이다. 미국·일본·중국 등도 각기 다른 정책으로 AI 윤리 문제에 대응 중이다. 한국도 2024년에 「인공지능 발전과 신뢰 기반 조성 등에 관한 기본법(AI기본법)」을 마련하며 국내외적 추세에 보조를 맞추고 있다.

그러나 AI가 인간의 윤리 기준을 따르게 하기 위해서는 여전히 많은 논의와 고민이 필요하다. AI는 기본적으로 데이터를 학습하는 기계 시스템이기에 도덕적 감정이나 자율적 판단 능력이 없다. 윤리적 판단을 기계적으로 실행하려면 규칙 기반 혹은 보상-벌칙 시스템을 설계해야 하지만, 우리 사회에서 발생하는 복잡한 모든 상황에 대해서 일일이 적절한 판단을 내리기 어렵다.

불가피한 상황에서 선택의 문제는 AI 윤리의 대표적

인 난제로 꼽힌다. AI 기술이 탑재된 자율주행차는 위험 상황에서 어떤 결정을 내릴까? 극단적으로 주행 중 해당 차량이 대규모 인명 피해를 초래할 가능성이 있다면, 많은 사람들을 살리고 운전자 한 명의 생명을 희생하는 결정을 내릴 수 있을까? 아니면 해당 차량의 운전자를 살리고 많은 사람을 희생하는 결정을 내릴까? 이와 유사한 문제로 '트롤리의 딜레마'를 생각해 볼 수 있다. 설령 AI가 어떠한 결정을 내리더라도, 그 결과에 대한 도덕적 책임은 여전히 인간이 부담해야 할 과제로 남는다.

AI의 판단 결과가 편향되거나 오류가 발생할 가능성도 있다. AI 행위에 대한 책임 소재가 불분명하다 보니 법률적 · 윤리적 문제로 확장된다. AI는 스스로 책임질 수 없고, 처벌받지 않는다. 개발한 책임, AI를 최종적으로 제어하는 책임은 결국 인간에게 있기 때문이다. 따라서 AI 윤리는 기술적 해결뿐만 아니라 사회적 · 법적 합의와 정책, 교육, 홍보가 함께 어우러져야 한다.

이를 위해 개발자와 운영 기업은 AI의 판단 과정과 오류 가능성을 꾸준히 점검하고 이를 투명하게 공개하는 기준을 만들어야 한다. 또한 이용자도 AI를 활용할 때 비판적 사고와 책임 의식을 갖는 것이 중요하다.

마지막으로, AI 윤리 문제는 단순한 기술적 이슈를 넘어 인간과 사회의 도덕성, 책임감, 공동체 의식을 깊이 고민하게 만든다. AI 기술이 우리의 일상과 더욱 밀접해지면서, 이를 뒷받침할 윤리 원칙과 규범, 그리고 법적 제도를 마련하는 일이 시급해졌다. AI로 인해 발생할 수 있는 문제를 예방하고, 모두가 공정하고 안전하게 그 혜택을 누릴 수 있도록 책임 있는 개발과 운영이 뒷받침되어야 한다.

AI 시대를 살아가는 인간의 준비

최근 식당에서는 AI 로봇이 요리를 하고, 서빙 로봇이 음식을 손님에게 가져다주는 모습이 흔히 보인다. 손님들은 빠르고 정확한 서비스에 만족하면서도, 이러한 변화가 직원들의 일자리 감소로 이어지지 않을까 걱정한다.

우리는 AI와 공존할 수 있을까? AI 기술이 우리 생활에 깊이 스며들면서 효율성을 극대화하고 새로운 경험을 제공하는 한편 일자리 감소와 인간의 역할 축소라는 현실적 문제도 떠오른다. 이런 변화 속에서 우리는 AI와 함께 만들어 갈 미래를 준비하며, 인간만이 만들어 낼 수 있는 가치를 발굴해야 할 시점이다.

동시에 AI가 변화시키는 세상에서 개인과 사회가 어떻게 준비해야 하는지에 대한 고민도 필요하다. AI 시대를 살아가기 위해서는 단순히 기술을 사용하는 것을 넘어, 변화에 적응하고 인간다움을 유지하는 데 필요한 역량과 태도를 갖추는 것이 필수다. 이 책에서는 AI 시대를 살아가기 위한 개인과 사회가 해야 할 준비는 무엇인지, 그리고 인문학, 철학, 법제도, 정책적 관점에서 인간다움을 유지하는 방안을 자세히 살펴본다.

우선 기술 변화에 적응하기 위한 개인과 사회의 준비는 평생 학습의 자세를 갖는 것으로 시작한다. AI와 디지털 기술은 빠른 속도로 발전하며 우리의 생활과 노동 환경을 끊임없이 변화시키고 있다. 따라서 새로운 AI 기술을 소개하는 교육 프로그램이 다양하게 개발되어야 한다. 또한 남녀노소에 관계없이 새로운 기술과 서비스를 체험하고 습득할 수 있도록 환경이 조성되어야 한다.

이용자 개인은 신기술 소개 영상, 기업 세미나, AI 체험 프로그램 등을 적극 활용해 최신 동향을 따라가야 한다. 국내외 전문가들은 AI 기술의 발전 속도를 따라잡기 위해 자기 주도적 학습 능력이 중요함을 강조한다. 기술 이해뿐 아니라 그 이면에 숨은 윤리적 문제, 사회적 영향력까지 종합적으로 고민하는 사고력도 함께 길러야 한다. 개인에게는 실패를 두려워하지 않고 도전하는 태도, 그리고 변화하는 환경에 유연하게 대응하는 적응력이 필수다.

사회적으로는 AI 인재를 양성하고 AI 기반 서비스를 개발할 기회와 환경이 조성되어야 한다. 이를 위해 정부와 지방자치단체는 디지털 교육 예산을 확대하고, 공공 및 민간 교육기관을 통해 AI 활용 교육 프로그램을 확산하고 있다. 추가로 직업 전환과 재취업을 위한 맞춤형 교육과 함께 취약 계층의 접근성을 높이기 위한 정책도 적극 개발되어야 한다.

세계 각국에서는 AI 기술 변화에 따른 노동시장의 충격을 완화하기 위해 기본소득, 근로시간 단축, 유연한 고용 정책 등 다양한 사회 안전망을 구축하기 위해 노력하고 있다. 이러한 노력은 기술 발전의 혜택을 모두가 공평하게 누릴 수 있도록 하며, 사회적 불평등이 심화하지 않도록 중요한 역할을 한다. 앞으로 AI는 인간의 대체자가 아니라 협력자로 공존해야 한다. 이를 위해 개인은 자신의 고유한 가치와 능력을 이해하고 발전시켜야 하며, 사회는 교육과 정책으로 이를 지원해야 한다. AI에 의존하기보다는 AI를 활용해 새로운 가치를 창출하고 인간의 잠재력을 확장하는 자세가 필요하다.

우리는 변화하는 시대에 앞으로 무엇을 배우고 어떻게 행동할지 지금부터 고민해야 하며, 동시에 인간의 강점인 창의력, 윤리적 사고, 공감 능력을 최대한 발휘해야 한다. 이러한 준비가 이루어질 때 우리는 AI 시대에도 인간다움을 잃지 않고, 풍요롭고 의미 있는 삶을 살아갈 수 있을 것이다.

이 책의 각 장에서는 인간과 AI의 특징과 차이를 깊이 탐구하며, AI가 할 수 있는 일과 할 수 없는 일을 자세히 살펴본다. 또한 AI가 할 수 없는 영역 중 인간이 독보적인 능력을 발휘하는 분야가 무엇인지도 함께 알아본다.

참고문헌

국회 과학기술정보방송통신위원회(2024). "인공지능 산업 육성 및 신뢰 확보에 관한 법률안(정점식의원 등 108인) 검토보고서".

김지혜·조봉순(2024). "인공지능 윤리와 기업의 책임있는 AI 활동". 《윤리경영연구》, 24(2).

소병수(2025). 《생성형 AI와 워터마크》. 커뮤니케이션북스.

AI타임스(2025.5.15). "'AI 안전' 지적받은 오픈AI, '안전성 평가' 수시 공개… "구글·메타도 문제" 지적". https://www.aitimes.com/news/articleView.html?idxno=170457

연합뉴스(2025.5.14). "생성형 AI, 자유의지 가질 조건 충족… 윤리 기준 마련해야". https://www.yna.co.kr/view/AKR20250513073100017

포브스코리아(2024.11.27). "[인간다움, 그리고 AI] 인간다움의 위기". https://www.forbeskorea.co.kr/news/articleView.html?idx

no=340523

01
AI는 무엇을 할 수 있고, 할 수 없나?

2025년, 오픈AI, 구글, 메타 같은 IT 기업들은 혁신적 AI 모델을 선보이며 큰 주목을 받았다. AI는 데이터 분석, 콘텐츠 생성, 맞춤형 서비스 같은 분야에서 뛰어난 성과를 보이고 있다. 그러나 윤리적 판단, 법적 책임, 공감 능력 등은 여전히 인간만이 수행할 수 있는 영역으로 남아 있다. 앞으로 AI와 인간이 각자의 강점을 어떻게 조화롭게 활용하며 협력할 수 있을지 깊은 고민이 필요하다.

AI와 1인 창업?

AI는 무엇을 할 수 있는가

2025년 초, 오픈AI, 구글, 메타 등 세계적인 IT 기업들이 새로운 AI 모델들을 공개하며 큰 화제를 모았다. 오픈AI는 동영상을 생성하는 AI 소라(AI Sora)와 이미지 생성 기능(4o Image Generation)을 선보이며 지브리 스타일로 그림을 그려 주는 등 콘텐츠 제작의 새로운 지평을 열었다. 메타는 라마4(LLaMA 4)를 공개하며 텍스트, 이미지, 동영상을 통합 처리하는 멀티모달 기능과 빅데이터 처리 능력을 향상했다. 구글도 미디어 생성 AI와 AI 모드 검색 기능으로 이용자 경험을 혁신했다.

언론에서는 AI가 스스로 언어를 배우고 복잡한 문제를 해결하는 능력을 넘어, 콘텐츠를 처리하고 생성하는 능력이 인간을 뛰어넘었다고 보도했다. 이러한 발전은 AI가 우리 생활 곳곳에서의 큰 변화를 예고한다.

AI는 기계가 인간처럼 학습하고 추론하며 의사결정을 할 수 있게 만드는 기술이다. 이는 기계가 사람처럼 말하기, 글쓰기, 번역, 시각 인식, 문제 해결 등을 수행하도록 학습 알고리즘을 적용하는 것이다. AI는 컴퓨터 공학, 데이터 과학, 신경과학, 언어학 등 다양한 학문이 융합된 분야로, 최신 기술과 방대한 양의 데이터를 활용해 지속적으로 발전하고 있다.

AI의 특징은 수많은 데이터를 빠르고 정확하게 분석하고, 그 안에서 패턴과 규칙을 찾아내 예측한다는 점이다. 이를 통해 AI는 다양한 분야에서 탁월한 성과를 내고 있다. 예를 들어, 금융 시장에서는 거래 동향을 분석해 효율적인 투자 전략을 제안한다. 의료 분야에서는 수많은 의료 이미지를 빠르게 판독해 정확한 질병 진단을 지원하며, 자율주행차는 주변 환경을 실시간으로 인식해 안전한 운전을 돕는다. 또한 AI 음성 비서는 일상 대화나 작업, 예약 등을 손쉽게 처리해 편리함을 제공한다.

이러한 능력 구현을 위해 AI는 크게 세 가지 학습 방법으로 발전했다.

첫째, 지도학습(Supervised Learning)이다. 이는 답(라벨)이 지정된 데이터로 AI가 정답을 익히는 방식이다. 예를 들면 고양이 사진에 '고양이'라고 라벨링해 학습시키면, 추후 유사한 고양이가 나온 사진을 보고 '고양이'라고 판단하는 것이다.

둘째, 비(非)지도학습(Unsupervised Learning)이다. 이는 라벨 없이도 데이터의 숨겨진 구조를 발견해 데이터를 분류하고 패턴 분석을 하는 방식이다.

셋째, 강화학습(Reinforcement Learning)이다. 이는 AI가 환경과 상호작용하며 시행착오로 최적의 행동을 학습하는 방식으로, 로봇의 동작 학습이나 게임 전략 개발에 활용된다.

혁신적인 기술 중 하나인 딥러닝(Deep Learning, 심층학습)은 인간의 뇌 구조를 본뜬 인공신경망을 여러 층으로 쌓아 복잡한 정보를 처리한다. 이 기술 덕분에 이미지 인식, 음성 인식, 자연어 처리 분야에서 큰 도약을 이뤄냈으며, 대표적으로 스마트폰 속 얼굴 인식 기능이나 번역 서비스들이 딥러닝 기술로 운용된다.

AI 기술은 반복 작업을 자동화해 시간을 절약하고, 업무 효율성을 극대화한다. 예를 들어, 콜센터에서 AI 챗봇이 24시간 고객 문의에 신속하게 대응해 고객 만족도를 높였다. 제조업에서는 AI가 생산 라인을 모니터링하고 불량품을 사전에 걸러내어 생산 품질을 높였다.

그뿐만 아니라 AI는 인간이 감당하기 어려운 방대한 데이터를 분석해 숨겨진 의미와 가치를 찾아내 새로운 발견과 혁신을 가능하게 한다. 의료 연구에서는 AI가 막대한 의료 기록을 분석해 신약 개발과 맞춤형 치료 계획 수립에 기여하고 있다. 환경 분야에서는 AI가 지구 온난화와 기후 변화 데이터를 분석해 효과적인 대응 방안을 제시한다. 또한 AI는 개인화된 서비스를 제공하는 데 뛰어나다. 온라인 쇼핑에서는 개인별 소비 패턴을 분석해 맞춤형 상품을 추천하며, 교육 분야에서는 학습자의 성향과 수준에 맞는 맞춤형 학습 콘텐츠를 제공한다.

AI의 특성 중 하나는 24시간 쉬지 않고 끊임없이 학습하고 작동하는 점이다. 이는 기업과 사회가 보다 지속적이고 안정적인 서비스를 제공하는 데 큰 강점으로 작용한다. 고정된 알고리즘과 규칙에 따라 정확히 작업을 수행해, 인간과 달리 감정이나 피로에 영향을 받지 않는다. 이러한 AI는 경제 전반에 큰 변화를 일으키고 있다. 예컨대 자동화된 공장과 스마트 물류 시스템은 비용 절감과 생산성 향상을 가능하게 해 기업 경쟁력을 강화한다.

AI는 새로운 일자리 창출에도 기여한다. AI 시스템을 설계하고 운영하는 전문가들이 늘어나고, 인간이 보다 고차원적인 업무에 전념할 수 있는 환경을 조성한다. 기업들은 AI로 의사결정을 빠르고 정확하게 내리고, 고객 경험을 개선하며, 혁신적인 제품과 서비스를 개발하고 있다. 이처럼 AI는 우리 사회를 더욱 스마트하고 편리하게 만드는 강력한 도구다. 요약하면, AI는 학습한 데이터를 바탕으로 주어진 문제를 해결하는 현대 과학기술의 정수다. 뛰어난 연산 능력과 방대한 데이터 분석으로 이미지 인식, 음성 인식, 자연어 처리 등 다양한 분야에서 인간의 업무를 지원한다.

AI는 반복 작업을 자동화해 시간과 비용을 절약하며, 개인 맞춤형 서비스와 혁신적인 해결책을 제공한다. 앞으로 AI는 더욱 발전해 우리 삶의 질을 높이고, 다양한 산업에서 핵심 역할을 수행할 것이다. 이러한 AI의 역할과 가능성을 이해하는 것이야말로 미래 사회를 준비하는 데 매우 중요한 첫걸음이다.

AI가 할 수 없는 일

최근 IT 학계와 미디어에서는 AI가 인간을 대신해 ○○을 "할 수 있다", "기술적으로 가능하다" 등의 기대 섞인 의견들이 들린다. 그러나 관점을 약간 달리해 "왜 아직 인간이 이 일을 하고 있는가" 고민해 볼 필요가 있다. 특히 반복적인 일, 정형화되고 공식화되어 있는 일이라면 AI에게 맡길 수 있지 않을까라는 점에서 말이다. 예를 들면, KTX 고속열차는 정해진 선로 위로만 달린다. 달리는 속도는 구간마다 세팅하면 된다. 앞 열차와의 간격을 안전거리만큼 유지하도록 충돌 예방 센서를 활용한다. 목적지 부산역에 들어서기 전 속도를 낮추도록 프로그래밍하고, 역사 내 정해진 승하차 위치에 정차하도록 설정한다. 승객이 내리고 탄 후에는 감지 센서로 문을 안전히 닫는다. 이런 상황이라면 AI 기관사가 충분히 탄생할 수 있지 않을까? 설령 KTX는 매우 빨리 달리기 때문에 인간 기관사가 꼭 필요하다면, 비교적 저속으로 운행하는 수도권의 지하철은 AI 기관사의 도입이 가능한 것 아닌가? 그럼에도 지하철 첫 번째와 마지막 량에는 기관사와 승무원이 탑승한다.

비행기 조종도 비슷한 맥락에서 의문이 생긴다. 이미 오래전부터 대형 여객기에는 자동항법장치(Auto Pilot)가 적용되어 있다. 안정고도에 이르렀을 때 자동항법장치를 사용하는 경우가 많다. 기술적으로 이륙과 착륙 시에도 자동 이착륙 기능을 사용할 수 있으나, 아직까지 인간 조종사가 이착륙 조종을 하고 있다. 여기에도 "수많은 승객의 생명이 달린 일이기 때문에…"라며 기술에 완전히 의존하기 어렵다는 반론이 있다.

그렇다면 인간의 생명과 크게 연관이 없는 커피나 주스를 제조하는 로봇을 생각해 보자. 음료 제조 로봇이 수년 전 개발되었지만 근처의 카페에서는 좀처럼 찾아보기 힘들다. 왜일까? 아메리카노 한 잔에 1500원 정도 하는 저가형 커피 전문점에서는 비용 절감이 필수인데, 여전히 아르바이트생이 음료를 제조하고 있다.

하루가 다르게 AI의 활용이 다양해지고 있지만, 여전히 많은 분야에서 AI가 인간을 대체하는 일에 사회적 우려 또는 거부감이 존재한다.

또 다른 예로 AI 판사를 들 수 있다. 한국을 비롯한 여러 나라의 사법기관은 판결 보조 AI를 개발 중이나, AI가 인간 판사의 역할을 완전히 대체하는 문제에는 신중한 태도를 보이고 있다. 이는 판결에 내포된 깊은 윤리성과 인간의 가치 판단, 그리고 그 맥락을 AI가 완벽히 이해하지 못하기 때문이다.

법학자들과 언론에서는 AI가 판사를 대신해 결정하는 상황을 우려하며, 판결은 꼭 인간의 의식과 책임 아래서 내려져야 한다고 주장한다. AI가 재판 과정에 도움을 주는 도구로 활용될 수는 있으나, 전권을 가진 독립적 재판자로서 받아들여지기 어렵다는 것이다.

이처럼 AI가 인간과 동등한 법적 권한을 누릴 수 없는 데는 근본적 이유가 있다. AI는 단지 데이터를 바탕으로 패턴을 학습하는 기계일 뿐, 그 결정을 둘러싼 윤리적 책임과 사회적 맥락을 이해하지 못한다. 만약 AI가 잘못된 판단을 내렸을 때 누가 책임을 져야 하는지 불분명하다. 그리고 AI가 내린 결정을 인간이 수용할지도 사회적 합의가 필요하다. 이런 맥락에서 미국은 AI가 내린 결과를 참고하되 최종 판단과 책임은 인간 판사에게 귀속한다는 입장이다. 앞서 논의한 AI 기술을 개발하는 과정 중에는 오류나 편향이 섞일 위험성 때문에 불완전한 재판이 될 수 있기 때문이다.

또 다른 사례로 종교적 지도자를 들 수 있다. AI는 신앙과 믿음, 윤리적 숙고, 인간 정신의 복잡성을 내재할 수 없다. 종교 지도자가 가져야 할 신앙심, 도덕성, 공동체에 대한 이해와 공감은 AI가 단순히 데이터와 알고리즘으로 모방하거나 대체할 수 없는 영역이다. 종교학자들은 AI가 보조적 도구로 기능할 수는 있겠지만, 인간의 심성과 믿음에 근거한 '위대한 종교 지도자' 역할은 인간에게 남아 있는 특권이라고 본다.

기술적 특징상, AI는 데이터가 부족하거나 편향되어 있는 경우 결과를 도출하지 못하거나 잘못된 결과를 낼 수밖에 없다. 데이터가 부족한 상황에서는 AI가 제대로 학습할 수도, 판단할 수도 없다. 그러므로 AI는 충분하게 확보된 양질의 데이터 없이는 인간을 대체할 수 없다는 점을 알 수 있다.

AI가 분석할 데이터가 충분하더라도, 그 데이터가 잘못된 내용, 부정확한 데이터일 수 있다. 예를 들어, 특정 시대나 일부 지역에서 수집된 편향된 역사 기록, 편파적인 철학적 해석 등이 데이터로 입력된다면, AI는 그 왜곡된 데이터를 기초로 잘못된 결론이나 의견을 생성할 것이다. 이런 측면에서 AI는 인간 사회나 문화의 복잡한 맥락을 자체적으로 판단하거나 수정할 능력이 없으며, 인간의 비판적 사고와 윤리적 검토가 반드시 필요하다.

AI와 인간의 저작권 간의 충돌 논란도 있다. 2025년 초에는 AI를 활용해 지브리 스타일과 같은 독특한 예술 이미지 생성이 유행했다. 그러나 만약 지브리의 저작권자가 AI의 활용을 허락하지 않는다면, AI는 저작권 침해 문제로 더 이상 창작 행위를 할 수 없다. 결국 저작권자와 법적 규제에 따라 AI의 역할과 활동 범위가 제한되며, 이것도 AI가 '할 수 없는 일'을 결정짓는 중요한 요소가 된다.

또한 AI는 고도의 보안과 규제가 필요한 작업 환경에서 활용이 쉽지 않다. 핵심 인프라, 1급 비밀 등 정보 보안이 중요한 군사 시설 및 공공 분야 등에서는 분석을 위해 필요한 데이터를 쉽게 AI에 제공할 수 없다. 게다가 충분하지 않은 양의 데이터로는 AI의 정확도를 기대할 수 없다. 특수한 환경에서 AI가 인간 결정을 완전히 대체하기 힘든 것은 바로 이러한 이유 때문이다. 또한 AI가 창출한 결과물이 완벽한지 판단하는 역할도 AI 스스로 수행하기 어렵다. 부족하거나 한쪽에 치우친 데이터를 가지고 학습한 AI는 그 결과물이 객관적이라 볼 수 없다.

이러한 환경에서 AI가 활용되는 데는 많은 연구와 논의가 필요할 것이며 생성되는 결과물의 이용과 관리도 철저히 해야 한다.

마지막으로 AI에게는 가정이나 친구, 인간관계에서 나타나는 따뜻함과 공감, 정서적 유대감을 기대하기 어렵다. AI는 계산과 데이터 처리에 뛰어나지만, 가족 간 유대나 친구 간 신뢰처럼 인간의 복잡한 감정을 경험하고 형성(조성)하는 것은 불가능하다. 바꾸어 표현하자면, AI는 냉철한 지능을 가진 도구일 뿐, 인간의 따뜻한 가슴을 대체할 수 없는 한계를 가진다.

이러한 논의들은 발전된 AI 기술이라도 여전히 할 수 없는 일들이 많다는 사실을 뒷받침한다. AI는 강력한 도구지만, 사회와 인간의 복잡한 영역에서는 여전히 부족하다. 특히 AI는 가치 판단이나 윤리적 책임, 사회적 관계를 인간처럼 수행하기 어렵다. 이는 데이터의 불완전성과 편향 문제, 법적 · 윤리적 책임 소재의 불명확성, 그리고 저작권 같은 법제도가 AI의 활동을 제한할 수 있기 때문이다.

물론 앞으로도 AI는 많은 분야에서 인간을 보조하는 기능으로 활용될 것이며, 인간의 판단과 책임 아래 함께 발전할 것이다. 우리는 AI를 둘러싼 장단점과 한계를 올

바로 이해하고, 인간만의 특별한 능력을 끊임없이 발휘해 AI와 조화롭게 공존하는 사회를 만들어야 한다.

인간의 역할과 AI 기술의 균형

2025년 스위스 다보스에서 열린 세계경제포럼(WEF)의 주제는 "지능의 시대를 위한 협업(Collaboration for the Intelligence Age)"이었다. WEF 창립자 클라우스 슈바프(Klaus Schwab)는 "AI는 전기, 증기기관처럼 우리 삶과 산업을 재정의하는 범용 기술(General-purpose technology)이다. 인간의 인식 능력을 넘어서는 효율성과 통찰을 제공하며, 이를 통해 복잡한 문제를 함께 해결할 수 있도록 한다"라고 강조했다. 세일즈포스(Salesforce) 최고경영자(CEO) 마크 베니오프(Marc Benioff)는 "AI는 우리 삶과 비즈니스를 운영하는 파트너가 되어 새로운 생산성 수준을 제공할 것"이라며 "지금 우리는 세계 역사상 가장 큰 투자의 시작을 목격하고 있다"라고 말했다.

AI와 함께하는 미래는 단순한 기술 발전이 아니라 인간의 잠재력을 한층 더 확장하는 기회다. AI가 데이터를 빠르게 처리하고 반복 업무를 대신하는 덕분에 인간은 더 창의적이고 전략적인 업무에 집중할 수 있다. 예를 들어, 교육 분야에서 AI가 학생 개인별 학습 스타일을 분석해 맞춤형 학습 자료를 제공하면 교사는 학생의 동기부여와 정서 발달에 힘쓸 수 있다. 이런 협력적 관계가 개인과 사회 모두에게 이득을 가져다준다.

또한 AI 기술은 기업이 의사 결정을 빠르고 정확하게 하도록 돕는다. 글로벌 기업들은 AI를 활용해 시장 변화와 소비자 트렌드를 실시간으로 분석하고, 신제품 개발과 마케팅 전략 수립에 반영한다. 하지만 인간의 창의력과 경험 없이는 AI 분석 결과를 제대로 해석하거나 새로운 방향을 제시하기 어렵다.

AI는 도구일 뿐 인간의 판단과 책임이 반드시 필요하다. 최근 국내 스타트업들이 AI를 활용한 스마트농업 시스템을 개발해 화제를 모았다. 이 시스템은 AI가 실시간으로 토양 상태와 기후 정보를 분석해 농작물 성장에 최적화된 환경을 제공한다. 하지만 농부는 보다 상위의 시점에서 대상 농작물을 최종 선정하고, 현장의 상황에 따른 농업 전략의 수정을 한다. 이처럼 AI와 인간은 각자의 강점을 살려 시너지 효과를 낼 수 있다.

그러나 AI와 인간 간의 균형을 맞추는 것은 쉬운 일이 아니다. 앞서 강조한 대로, AI가 빠르고 광범위한 데이터를 분석하는 동안 인간은 윤리적 판단과 사회적 감수성을 담당해야 한다. 예를 들어, AI가 도출한 결과가 편향되어 있거나 사회적 문제를 야기할 가능성이 있을 때, 인간은 이를 조정하고 올바른 방향으로 이끌어야 한다. 이러한 문제에 UN 사무총장 안토니우 구테흐스(Antonio Guterres)는 "AI는 교육, 의료, 농업 생산성 향상에 혁신적 기여를 할 수 있지만, 정치 · 사회적 신뢰를 잠식하고 노동시장에 혼란을 야기하며 전쟁에도 이용될 수 있다"라고 경고하며, '거버넌스 없는 AI(Ungoverned AI)'의 잠재적 위험에 대해 강한 우려를 표시했다.

이상적인 미래는 AI가 단순한 자동화 도구에 머무르지 않고, 인간의 잠재력을 증진하며 더 나은 사회를 만드는 데 기여하는 것이다. 이런 미래를 위해 AI 기술을 이해하고 적극 활용할 인재 양성이 필요하다. 학교와 기업에서는 AI 교육과 함께 비판적 사고, 윤리적 의사 결정 능력을 키우는 프로그램을 도입하고 있다. 이를 통해 미래 세대는 AI와의 협력으로 복잡한 문제를 해결하는 데 능숙해질 것이다.

마지막으로, AI와 인간의 역할 균형을 유지하는 것은 우리 모두의 중요한 과제이자 책임이다. 기술 발전에 따른 변화를 수용하며, AI가 인간다움의 가치를 존중하고 조화를 이루도록 노력해야 한다. 이러한 노력이 뒷받침될 때, 기술과 인간이 함께 성장하며 상생하는 사회를 만들 수 있다. AI와 인간이 서로를 보완하며 협력하는 미래가 이제 점차 현실로 다가오고 있다.

참고문헌

디지털타임스(2025.6.18). "아마존 CEO "향후 수년간 회사 사무직 AI로 대체할 것"".
https://www.dt.co.kr/contents.html?article_no=2025061802109989660013

사람과디지털포럼(2024). "사람 넘보는 AI, 인간 가치도 담아낼 수 있을까?".
https://lifeindigitalforum.org/106

정보통신신문(2025.2.24). "자율주행 시대, 철도는 어떻게 될까?".
https://www.koit.co.kr/news/articleView.html?idxno=128550

한국경제신문(2024.3.29). "툭하면 오작동·멈춤… 무인열차 '불안한 질주'".
https://www.hankyung.com/article/2024032970321

한국경제신문(2025.4.8). ""AI가 못하는 업무만 사람 뽑겠다" … 파격 선언한 '이 회사'".
https://www.hankyung.com/article/202504087469i

AP(2025.1.23). Davos 2025: Trade, tariffs, AI and UN chief Guterres dominate World Economic Forum agenda.
https://apnews.com/article/davos-wef-2025-trump-malaysia-spain-guterres-6559cde70a829d67c1335f1025758efd

CNN Business(2025.1.23). Today's CEOs are the last to manage all-human workforces, says Marc Benioff.
https://edition.cnn.com/2025/01/23/business/davos-marc

-benioff-salesforce-ai-prediction-intl
Time(2025.1.16). Klaus Schwab's Call for Cooperation and Collaboration in the Intelligent Age. https://time.com/7204646/klaus-schwab-davos-2025-intelligent-age/

02
인간 대 AI, 우리는 어떻게 다른가?

AI는 감정을 느낄 수 있다고 한다. 하지만 인간의 복합적인 심리 상태를 정확히 이해하지 못한다. 예를 들어, 기쁨이나 슬픔, 외로움, 노여움 등은 언어뿐만 아니라 표정, 몸짓, 침묵 등에도 담기는데, AI는 인간의 일부 신호를 수치화한 후 정해진 감정 카테고리에 넣어 분류할 뿐이다. 다양한 감정이 존재하는 인간관계에서 AI가 몇 가지 정해준 감정을 표현하는 것은 인간으로 하여금 불충분한 '공감' 표현에 그칠 수밖에 없다.

AI와 MBTI?

AI는 데이터를 기반으로 작동한다.

2025년 초, 미국 빅테크 기업 메타(META)가 운영하는 인스타그램에서 알고리즘 오류로 인해 이용자들에게 폭력적이고 잔인한 영상이 추천되는 사고가 발생했다. 이 서비스는 머신러닝 기술로 개인 맞춤형 정보를 제공하지만, 이번 사고에서는 미성년자를 포함한 많은 이용자에게 잔인한 콘텐츠가 반복적으로 노출됐다. 이 사건은 플랫폼 기반 AI 추천 시스템에서 발생할 수 있는 알고리즘 오류의 사회적 위험성을 보여 주는 대표적 사례다. AI는 주어진 데이터를 분석해 스스로 패턴을 학습하고, 그 결과를 바탕으로 예측이나 의사 결정을 수행하도록 설계된 기술이다. 이 중 머신러닝과 딥러닝은 AI의 핵심 기법으로 꼽힌다.

머신러닝(Machine Learning)은 인간이 일일이 지시하지 않아도, 주어진 데이터를 보고 스스로 규칙이나 패턴을 익히는 기술이다. 그리고 참고할 데이터가 많을수록 더 정확한 결과를 예측할 수 있다. 딥러닝(Deep Learning)은 머신러닝의 한 분야로, 인간 두뇌의 뉴런을 본뜬 인공신경망을 사용한다. 여러 층으로 이루어진 신경망이 데이터를 분석하고 그 특징을 자동으로 찾아낸다. 이를 통해 이미지 인식, 음성 인식, 자연어 처리 등 다양한 분야에서 큰 발전을 이뤘다. 예를 들어, 자율주행차는 카메라와 센서로 수집한 데이터를 딥러닝으로 분석해 도로와 교통 상황을 파악하고 스스로 주행한다. 넷플릭스와 유튜브 같은 플랫폼은 이용자 행동, 시청 기록, '좋아요' 등을 학습해 개인 맞춤형 콘텐츠를 추천한다.

AI는 방대한 데이터를 처리해 사람이 놓치기 쉬운 패턴이나 상관관계를 찾고, 이를 바탕으로 예측하고 결정한다. 그러나 AI는 다음과 같은 분명한 한계가 있다.

첫째, AI는 데이터에 의존하기 때문에, 데이터가 편향되면 판단도 편향될 수 있다. 예를 들어, 서양인 중심의 의료 데이터를 기반으로 동양인을 분석하면 결과의 정확도가 떨어질 수 있다. 이는 학습 데이터에 다양한 인종의 정보가 충분히 포함되지 않았기 때문이다.

둘째, AI는 기존 데이터를 바탕으로 학습하기 때문에 완전히 새로운 상황이나 패턴은 예측이 어렵다. 예를 들어, 자율주행차가 일반적인 도로 상황에서는 잘 작동하지만, 주행로가 수시로 바뀌는 건설 현장이나 지진 같은 재난 상황 등 학습한 적 없는 환경에서는 오작동할 가능성이 높다.

셋째, AI는 결과를 도출하는 과정이 불투명한 경우가

많아 '블랙박스 문제'를 안고 있다. AI로 심각한 사회 문제가 발생했을 때 그 원인을 찾아내기 힘들어 대응에도 상당한 어려움이 있다. AI가 이해하기 힘든 결정을 했을 때 왜 그런 결정을 했는지 누구도 설명하지 못하는 경우다. 심지어 AI의 작동에 심각한 문제가 있음에도 이를 제때 발견하지 못한다면 그로 인해 발생하는 피해는 고스란히 이용자에게 돌아온다.

AI는 데이터를 분석하는 데 최적화되어 있다. 인간에게는 상당한 시간이 걸리는 방대한 양의 데이터 처리와 분석도 단숨에 해낸다. 특히 아이디어 제안, 의사 결정 지원, 상황 예측 등에서 뛰어난 능력을 발휘한다. 일례로, 금융 투자기관은 AI를 활용해 방대한 거래 정보와 주요 이슈를 실시간으로 분석하고, 이를 바탕으로 투자를 위한 의사 결정을 지원받는다.

그러나 결국 인간이 기술 활용에 대한 최종 판단과 책임을 져야 한다. AI는 완벽하지 않아서 실수를 할 수 있기 때문이다. AI가 계속 발전하면서 새로운 서비스가 늘어나고 있다. 하지만 충분하고 적절한 데이터 없이는 좋은 결과도 나올 수 없다. 대량의 데이터가 있더라도 그것이 활용 목적에 맞지 않는 데이터라면 AI 잘못된 예측과 결정을 반복한다. 따라서 데이터의 질과 다양성을 확보하는 것이 AI 개발의 핵심 과제 중 하나다.

더 나아가 AI 윤리와 투명성에 관한 논의도 중요하다. AI가 데이터를 어떻게 분석하고 판단하는지, 편향과 오류는 무엇인지 이용자와 개발자가 명확히 이해해야 한다. 이런 점에서 AI와 인간이 협력하는 미래가 중요하다. AI는 방대한 데이터를 신속히 처리하고 분석해 통찰을 제공하지만, 최종 판단과 의사 결정은 인간이 맡는 것이 바람직하다.

인간은 AI가 제시한 결과를 참고해 자신의 직관과 경험, 윤리적 판단력을 기반으로 의사 결정을 하게 된다. 의료 현장에서 AI는 방대한 환자 기록과 영상 데이터를 분석해 환자의 질병을 추측한 뒤 이에 맞는 치료법을 제안한다. 그리고 의사는 환자의 전반적 건강 상태와 경제 상황까지 고려해 치료 방침을 결정한다.

AI는 데이터를 기반으로 작동하는 강력한 도구이며, 인간 특유의 직관적 사고와 임기응변 방식과 함께 더 큰 가치를 만들어 낼 수 있다. AI와 인간이 각자의 장점을 살려 함께 발전할 때, 기술은 인간의 삶을 풍요롭게 하고 사회 전반에 긍정적 변화를 가져올 것이다. 따라서 우리는 AI가 어떻게 작동하는지, 어떤 데이터에 기반하고 한계는 무엇인지를 명확히 알고, AI를 지혜롭게 활용하는 능력을 키워야 한다.

AI는 감정을 흉내 낼 뿐이다

AI 챗봇 '이루다'는 이용자와 대화 과정에서 감정을 표현하는 듯한 반응을 보여 큰 화제가 되었다. 예를 들어, 한 이용자가 슬픔을 토로했을 때, 이 챗봇은 "저도 그 상황이 참 안타깝게 느껴져요"라고 답하며 감정을 나타내는 모습을 보여 주었다. 이뿐만 아니라 때로는 이용자의 감정을 오해하거나 부적절한 반응을 보이기도 했는데, 이는 AI가 여전히 인간의 감정을 완벽하게 이해하지 못한다는 의미로 볼 수 있다.

개발자들은 AI가 인간의 감정을 이해하고 모방할 수 있도록 다양한 기술을 연구하고 있다. 그중 주목할 만한 것이 바로 감정 분석 기술이다. 감정 분석은 텍스트, 음성, 표정 등에 담긴 감정 신호를 파악하는 기술로, 자연어 처리와 이미지 분석 기술이 결합된 형태다. 예를 들어, 소셜 미디어 게시글이나 고객 리뷰에서 긍정적, 부정적, 중립적인 감정을 자동으로 분석해 기업이나 연구자가 이용자 반응을 이해하는 데 활용된다.

텍스트를 분석하는 감정 AI(Emotion AI) 기술이 발전하면서, 챗봇이 단순한 기계적인 답변을 넘어서 사람의 감정을 어느 정도 모방하며 대화할 수 있다. 챗봇은 이용자의 언어 패턴과 단어 선택, 톤 등을 분석해 기쁨, 슬픔, 분노 등 다양한 감정을 추론하고, 이에 맞는 응답을 한다. 고객센터 챗봇이 만족이나 불만을 표현하는 고객에게 "도움을 드려 기쁩니다" 혹은 "불편을 드려 죄송합니다" 등의 표현을 하는 방식이다.

얼굴 인식 기술에 특화된 감정 AI는 인간의 표정 변화를 실시간으로 분석해 감정을 추정한다. 예를 들어, 스마트폰 카메라 앞에서 인간의 미소, 눈썹 움직임, 입꼬리 변화 등을 감지해 그가 행복하거나 화가 났음을 판단하고, 이에 맞춰 인터페이스를 조절하기도 한다. 이러한 감정 인식 AI는 교육, 의료, 엔터테인먼트 등 다양한 분야에서 활용도가 높아지고 있다.

AI가 감정을 이해하고 모방하는 기술은 발전하고 있지만, 실제로 사람처럼 감정을 느끼거나 공감하는 것은 아니다. AI가 표현하는 감정은 프로그램된 알고리즘에 의해 계산된 결과일 뿐, 진짜 감정이 아니라 단순한 '모방'에 불과하다. 인간은 다양한 경험, 복잡한 심리, 그리고 사회적 맥락을 바탕으로 감정을 느끼고 타인과 깊은 유대감을 형성한다. 이는 생리적 · 심리적 상태, 문화적 배경, 개인의 가치관이 복합적으로 작용하는 독특한 정서 경험이다.

AI는 이런 인간의 복잡한 내면 상태를 완전히 이해하지 못한다. 예를 들어, 사람이 슬픔을 표현할 때는 단순한 언어뿐 아니라 표정, 몸짓, 침묵에 담긴 미묘한 의미까지 포함된다. 하지만 AI는 이런 신호 중 일부만 눈치채거나 분석할 수 있을 뿐, 깊은 감정의 의미까지 파악하기는 어렵다. 그렇기 때문에 AI가 아무리 감정을 모방해도, 인간이 느끼는 '공감'과 동일시되기 어려운 근본적인 한계가 있다.

공감은 단순히 감정을 인식하는 것을 넘어, 상대방의 감정을 자신의 일처럼 느끼고 진심으로 이해하는 능력이다. 인간의 공감은 타인의 아픔을 함께 슬퍼하고, 기쁨을 공유하고, 어려움을 함께 나누려는 행동에서 엿볼 수 있다. 이러한 감정적 공감은 특히 상담, 치료, 교육 같은 분야에서 중요하게 작용한다. 예를 들어, 심리상담사는 내담자의 말뿐 아니라 표정, 몸짓, 목소리 톤 등을 세심히 관찰해 그가 느끼는 마음속 감정을 포착하고 이에 맞춰 반응한다. 이러한 공감이 담긴 대화는 내담자의 심리적 치유를 돕고, 신뢰와 친밀감을 형성하는 데 필수다. AI 상담 챗봇이 감정 분석 기술을 활용해 도움을 줄 수 있지만, 진정성과 포용력 면에서 인간 상담사를 대체하기에는 여전히 한계가 있다.

의료 현장에서도 마찬가지다. 의사와 간호사는 환자의 눈빛, 손짓, 자세 변화 등으로 불안이나 고통을 짐작하고 이를 바탕으로 맞춤형 치료를 제공한다. AI는 환자 데이터를 분석해 진단을 돕는 데 뛰어나지만, 환자의 복잡한 감정과 심리 상태를 완전히 알아내지는 못한다. 최근 국내 병원에서 AI 진단 보조 프로그램이 영상 분석과 증상 진단을 지원하고 있지만, 환자의 감정, 정서 상태를 평가하는 것은 여전히 의료진의 역할이다.

AI가 감정을 흉내 낼 수는 있지만, 그 표현은 결국 계산된 결과에 불과하다. 예를 들어, AI가 슬픔을 표현하는 문장을 만들어도 그 깊이나 진정성은 인간의 진짜 감정과는 거리가 있다. 심지어 복잡한 상황에서는 AI가 적절치 못한 반응을 보이며 혼란을 초래할 수도 있다. 실제로 한 AI 챗봇이 이용자와 대화 중 불쾌한 농담을 해 논란이 된 사례가 있었다. 이는 AI가 언어의 문맥과 사회적 규범을 완전히 이해하지 못한 결과였다.

AI의 감정 모방 기술은 앞으로도 발전할 것이며, 인간과의 소통이 점점 자연스러워질 것이다. 그러나 AI가 감정 자체를 느끼거나 인간과 같은 공감을 실현하는 데에는 여전히 어려움이 있다. 결국 AI는 언어와 표정 신호를 분석해 '비슷하게' 반응하는 도구일 뿐, 인간의 정서적 깊이와 사회적 상호작용을 이해하는 것은 상당한 연구가 더 필요하다.

이러한 차이는 AI가 대체할 수 없는 인간 고유의 영역을 보여 준다. AI는 감정 분석 기술로 사용자 경험을 개선하고, 인간 전문가가 더 깊이 있는 감정적 지원을 제공하도록 돕는 역할을 하는 것이 바람직하다.

앞으로 감정 AI는 서비스업, 교육, 엔터테인먼트 등 다양한 분야에서 가능성을 열어 줄 것이다. 그러나 감정을 해석하고 공감하는 데 인간의 역할과 감성적 교감은 여전히 핵심으로 남아 있다. AI의 감정 모방 기술과 인간의 깊은 감정 경험은 분명한 차이가 있으며, 이 차이가 인간다움의 본질을 이루는 중요한 부분이다.

AI는 스스로 기준을 정할 수 없다

하버드대학교 마이클 샌델(Michael Sandel) 교수는 "트롤리 딜레마"로 선택의 윤리적 딜레마를 제시했다. 트롤리가 선로를 달릴 때 다수를 희생시킬 것인가, 아니면 방향을 바꿔 소수를 희생시킬 것인가 하는 문제는 여전히 논란의 여지가 많다.

2023년 테슬라의 자율주행차는 고속도로에서 갑작스

러운 급정거를 하면서 8중 추돌사고를 일으켰다. AI가 어떠한 이유로 급정거가 필요하다고 판단했겠지만, 그 결정은 인간의 기대와 기준에 부합하지 않아 대형 사고로 이어졌다. 이 사건은 AI가 과연 스스로 올바른 기준을 세우고 판단할 수 있는지 의문을 제기했다.

AI는 여러 분야에서 놀라운 성과를 보여 주고 있지만, 아직은 스스로 기준을 정할 능력이 없다. 이를 이해하기 위해서는 AI가 작동하는 방식과 한계를 살펴볼 필요가 있다.

먼저 AI는 데이터를 기반으로 작동한다는 점을 이해해야 한다. AI는 인간의 뇌처럼 자율적으로 생각하는 것이 아니라, 이미 주어진 데이터를 바탕으로 반복 학습을 진행한다. 방대한 양의 데이터를 입력받아 이 데이터 속에서 규칙을 찾고, 그 규칙에 따라 의사 결정을 내리는 것이다. 예를 들어, 자율주행차는 과거에 수집된 수많은 주행 데이터와 교통 상황 정보를 분석해 다음 행동을 예측한다.

추천 알고리즘 또한 이용자의 취향과 행동 이력을 바탕으로 결과를 제시한다. 하지만 이 과정에서도 AI는 과거의 데이터에 크게 의존한다. 새로운 상황이나 데이터가 없으면 그에 맞는 적절한 판단을 내리기 어렵다. 또한 데이터가 충분하지 않거나 편향되어 있다면, AI가 내리는 결정이나 판단 자체에 오류가 발생할 수밖에 없다.

과거의 사례를 보면, 한 AI 얼굴 인식 시스템은 특정 인종을 범죄자로 잘못 분류해 논란이 되었다. 이는 학습에 사용된 데이터가 일부 인종에 편향돼 있거나 충분하게 다양한 인종 데이터가 확보되지 않았기 때문이다. 이런 데이터 의존성은 AI 판단의 한계와 위험성을 동시에 보여 준다.

이 외에도 중대한 약점으로 지적받는 점은 AI가 '흐름'이나 '맥락'을 이해하지 못한다는 것이다. 인간은 상황과 환경을 종합적으로 판단해 기준을 유연하게 조정할 수 있다. 예를 들어, 태풍으로 신호등이 고장 나고 도로의 일부가 유실된 구간에서 운전자가 주변 상황을 살피며 안전하게 통과하는 능력은 인간만의 특성이다.

반면 AI는 주어진 데이터와 규칙에 따라 작동하며, 특수한 상황에서 기준을 변경하거나 맥락을 해석하는 데 한계가 있다. 자율주행차 사고에서도 볼 수 있듯이, AI는 예외적인 상황을 예상하거나 적절히 대처하지 못해 사고로 이어질 위험이 있다.

마지막으로 AI가 스스로 기준을 정하지 못하는 중요한 이유는 바로 '기준' 자체가 인간(특정인 또는 소수집단)에 의해 설계되고 설정되기 때문이다. AI가 따르는 판단 기준은 프로그래머가 개발 과정에서 설계한 알고리즘과 데이터에 의해 결정된다. 즉 AI는 스스로 새로운 가치 판단의 기준을 만드는 것이 아니라, 주어진 규칙과 데이터를 수행할 뿐이다. 따라서 AI가 따르게 되는 기준이나 표준은 결국 인간의 선택과 책임 문제와 직결된다. 인간이 의도적으로 또는 무심코 부적절한 데이터를 제공하거나 부적절한 기준 설계를 하면, AI는 그대로 영향을 받게 되고, 결국 사회적 불평등이나 차별을 심화할 수 있다.

실제로 신입직원 채용에 활용된 AI 면접 시스템이 일부 지원자를 불공정하게 평가해 논란이 된 적도 있다. 이런 문제가 발생하면 AI 기술이 의심받고 비난의 대상이 되지만, 사실은 설계자와 운영자의 책임이 크다. 따라서 AI의 윤리적 활용과 안전한 운영을 위해서는 인간의 철저한 감독과 책임 있는 설계가 필수다.

AI 자체는 도덕적 판단 능력이 없으므로, 인간이 윤리적 기준과 규범을 명확히 세우고 AI가 그 범위를 벗어나지 않도록 지속적으로 관리해야 한다. 다시 말해, AI가 스스로 기준을 결정하지 못한다는 사실은 우리가 AI를 도구로 이해하고, 그 한계를 인정하며 그 한계를 넘어서기 위한 인간의 역할과 책임이 얼마나 중요한지 깨닫게 한다.

참고문헌

동아사이언스(2025.4.14.). "'극단적 선택' 조언하는 AI… 윤리문제 현실화". https://m.dongascience.com/news.php?idx=71047

마이클 샌델(2014). 《정의란 무엇인가》. 김명철 옮김. 와이즈베리.

소병수·김형진(2021). "소셜미디어상의 개인정보 활용과 보호 – AI 채팅로봇 '이루다'의 개인정보 침해 사건을 중심으로 –". 《법학연구》, 24(1).

월터 시넛 암스트롱 외(2025). 《도덕적인 AI: 딥페이크부터 로봇 의사까지, 인공지능 윤리를 위한 일곱 가지 물음》. 박초월 옮김. 김영사.

정완(2025). "디지털정의와 공정성에 관한 법적 과제". 《서강법률논총》, 14(2).

제리 카플란(2024). 《생성형 AI는 어떤 미래를 만드는가 : 최정상 인공지능 전문가의 15가지 미래 예측》. 정미진 옮김. 한스미디어.

주간경향(2023.9.11). "AI의 복잡성과 블랙박스 문제". https://m.weekly.khan.co.kr/view.html?med_id=weekly&artid=202309011056331

최용전·장욱(2025). "의료인공지능의 법적 과제 – 설명가능성, 책임, 개인정보 보호, 의료로봇, 입법 전망을 중심으로 –". 《국가법연구》, 21(2).

03
표면적 공감 대 진정한 공감, AI와 인간의 차이

인간의 감정 형성은 개인적 성향, 경험, 기억, 문화, 사회적 맥락 등이 복합적으로 작용한다. AI는 표정 · 음성 · 텍스트로 감정을 분석하고 공감하는 것처럼 '연기'하는 것이며 그 사람이 느끼는 감정의 진정한 의미를 '이해'하는 것이 아니다. 감정은 상황과 맥락, 개인에 따라 매우 다르게 표현되고 해석될 수 있는데, AI는 때때로 엉뚱한 반응을 한다.

AI와 난임 극복?

인간 감정은 복잡하다

한국의 드라마는 보는 이의 마음을 들었다 놨다 한다. 인기 드라마에서 주인공이 사랑하는 이를 잃고 깊은 슬픔에 빠지는 장면이 방영되면, 시청자들은 그 슬픔을 함께 느끼며 공감을 한다. 반대로 극악무도한 악인 캐릭터의 연기에는 분노를 느낀다. 이처럼 인간의 감정은 단순한 신경 반응이 아니라, 개인의 경험, 기억, 그리고 문화적 배경이 얽혀 만들어지는 복잡하고 깊이 있는 현상이다.

인간의 감정은 순간적인 느낌을 넘어 내면의 기억, 사고, 그리고 사회적 맥락과 얽혀 작용한다. 사랑, 슬픔, 공감과 같은 감정은 우리 삶에서 가장 중요한 요소로, 예측할 수 없고 주관적이며 때로는 모순적인 성격을 지닌다. 이러한 복잡성 때문에 AI가 인간의 감정을 완전히 이해하거나 해석하는 것은 여전히 어렵다.

인간의 감정은 단순한 뇌 활동뿐 아니라 과거 경험, 문화, 사회적 관계에서 형성된다. 예를 들어, 같은 슬픔이라도 누군가에게는 깊은 상실의 고통일 수 있지만, 다른 사람에게는 일시적인 눈물로 끝날 수 있다. 이는 각자의 경험, 기억, 가치관의 차이 때문이다.

감정은 단순한 데이터로 측정하거나 계산할 수 없는 복합적인 구조를 지닌다. 사랑은 단순한 호감 이상의 감정으로, 신뢰, 헌신, 희생, 배려 등 수많은 감정 요소가 함께 작용한다. 슬픔은 비단 아픔이나 눈물의 표현만이 아니라 과거의 기억과 연결되어 있고, 때로는 자아 정체성과도 깊은 관련이 있다. 공감은 타인의 감정을 느끼고 이해하는 능력인데, 이는 상대의 입장을 상상하거나 정서적으로 연결되어야 가능한 복잡한 심리 과정이다.

AI는 텍스트, 음성, 표정 데이터를 분석해 감정을 파악한다. 예를 들어, AI 챗봇은 대화 중 상대가 슬픔을 표현하면 "힘들겠네요, 이야기해 볼래요?" 같은 위로의 문장을 제안할 수 있다. 하지만 이는 단순히 데이터를 기반으로 한 모방일 뿐 진정한 감정 이해로 볼 수는 없다.

AI는 감정이 왜 발생하는지, 그 깊은 의미와 맥락을 이해하지 못한다. 감정 표현 뒤에 숨겨진 미묘한 심리 상태, 개인별 감정의 차이, 문화적 요소까지 모두 읽어 내는 능력은 인간의 뛰어난 장점이다. 예를 들어, 어떤 문화에서는 슬픔을 공개적으로 표현하는 것이 자연스러운 반면, 다른 문화에서는 자제하고 내면화하는 경향이 있다. AI는 이러한 문화적 차이를 완벽히 이해하기 어려우며, 감정의 미묘한 뉘앙스를 파악하는 데 부족함이 있다.

"시원섭섭하다"라는 말이 있다. 감정은 시간에 따라 변하고, 복수의 감정이 동시에 존재하기도 한다. 기쁨과 슬픔이 동시에 느껴지는 복잡한 감정 상태도 있는데, 이런 상황을 AI가 제대로 해석하기는 어렵다. 예를 들어, 졸업식에서 친구들과의 헤어짐에 대한 아쉬움과 동시에 새로운 시작을 축하하는 심리는 복합적이다. 이처럼 감정은 인간의 개인적 경험과 사회적 상호작용, 문화적 배경이 얽혀 만들어지는 다층적 현상이라 AI가 단순한 알고리즘으로 정확히 이해하기는 사실상 불가능하다.

심리학자들은 인간의 감정이 뇌의 특정 부위뿐 아니라 다양한 신경망과 신체 반응의 상호작용으로 나타난다고 설명한다. 이런 다차원적 과정에 대해 인류를 대상으로 한 연구도 여전히 진행 중이다. 거기에 AI가 감정을 정확히 인식하거나 공감하는 수준에 도달하려면 인간의 복잡한 사고, 경험, 문화적 해석 능력을 학습하고 이해해야 하는데, 이를 위해 필요한 데이터는 얼마큼이어야 충분하다고 할 수 있을지도 가늠하기 힘들다.

따라서 AI는 감정을 흉내 낼 수 있지만, 인간처럼 감정을 경험하거나 깊이 이해할 수는 없다. 이 점은 AI가 인간 사회에 도움을 줄 수 있어도, 감정과 관련된 상담, 창작, 인간관계 형성 등 중요한 영역에서는 여전히 인간의 역할이 중요한 이유가 된다.

인간이 서로의 감정을 이해하고 공감하는 능력은 사

회적 연결과 협력을 가능하게 하며, 이는 기계가 쉽게 대체할 수 없는 인간다움의 핵심 부분이다. 결국 인간의 감정은 그 복잡성과 다양성 때문에 단순하게 분류하거나 정형화할 수 없다. 인간은 감정으로 자신과 타인의 내면 세계를 깊이 이해하며 풍요로운 삶을 살아간다. 당분간은 AI가 발전을 거듭하더라도 깊은 감정적 경험과 이해는 인간만의 영역으로 남아 있을 것이다. 이처럼 인간의 감정은 AI 시대에도 인간다움의 본질을 이루는 중요한 요소로, 앞으로도 우리 사회에서 빛을 발할 것이다.

AI는 인간의 감정을 이해할 수 있을까

미국 IT 기업 어펙티바(Affectiva)는 '이모션 AI(Emotion AI)'라는 감정 분석 소프트웨어를 개발했다. 이 소프트웨어는 이용자의 얼굴 표정과 목소리, 텍스트 메시지를 분석해 현재 감정을 파악한다고 소개했다. 하지만 실제 활용 과정에서 이 AI는 이용자가 슬퍼하는 상황임에도 '분노'로 오판하거나, 기쁜 대화에서 부정적인 감정을 감지하는 오류를 반복했다.

이 사례는 AI가 감정 분석이 가능하더라도 인간 감정의 복잡한 맥락과 뉘앙스를 정확히 이해하기는 쉽지 않다는 점을 보여 준다. AI는 텍스트, 표정, 음성의 다양한 데이터를 처리하며 감정을 인식한다. 예를 들어, 텍스트 기반의 감정 분석 소프트웨어는 이용자가 쓴 글에서 긍정적 단어와 부정적 단어를 분리해 감정 점수를 산출한다. 얼굴 표정 인식 기술은 웃음, 찡그림, 눈썹 움직임 등 미세한 신체 변화를 감지해 기쁨, 슬픔, 놀람 등을 구분한다. 음성 분석 AI는 톤, 억양, 속도, 음량 등 다양한 음성신호를 분석해 감정 상태를 추론한다. 이러한 기술은 단일 요소만으로는 정확도가 떨어지지만, 통합하면 어느 정도 정확한 감정 분류가 가능하다.

그러나 AI가 이러한 신호에서 추출하는 감정은 단순한 패턴과 통계에 기반을 둔 '분류'일 뿐, 그 사람이 느끼는 감정의 진정한 의미를 '이해'하는 것이 아니다. 감정은 상황과 맥락, 개인에 따라 매우 다르게 표현되고 해석될 수 있는데, AI는 이를 완전히 파악하지 못한다. 예를 들어, 같은 미소라도 진심에서 나오는 행복의 미소인지, 긴장을 풀기 위한 가짜 미소인지 AI는 구분하기 어렵다. 슬픈 상황에서 조용히 있는 사람과 눈물을 흘리는 사람의 감정 강도 역시 확연히 다를 수 있으나 AI는 표면적 신호만 분석하기 때문에 때때로 감정 상태를 잘못 파악하는 오류를 범한다.

누군가의 말투나 단어 선택에 숨겨진 은유적 표현, 풍

자, 아이러니, 비꼬는 말투를 AI가 해석하기란 어려운 일이다. 챗GPT-4o의 경우, 이용자가 "열심히 운동하고 잘 먹었더니 건강한 돼지가 됐어! 하하하. 너무 좋아"라고 말한 표현에 대해, "건강한 돼지가 되었다는 소식을 들으니 기쁘네요. 꾸준한 운동과 건강한 식습관을 유지한 덕분이죠"라고 대답했다. 이처럼 말하는 이의 진심이 아닌 표현 또는 농담을 AI가 제대로 이해하지 못해 엉뚱한 응답을 하는 경우가 생긴다. 인간이 맥락을 고려해 글이나 말을 해석하는 것과 달리 최근 선보이고 있는 AI는 통계적 상관관계를 활용하기 때문이다.

AI는 교육과 의료 분야에서도 활용된다. 학습자의 표정을 분석해 정서를 판단하거나, 환자의 음성 톤을 분석해 심리 상태를 추론하는 데 쓰인다. 환자가 자신의 건강보다 가족을 걱정하는 것을 치료 방법에 불만이 있는 것으로 오해하거나, 환자의 피로감을 슬픔으로 해석하는 사례처럼, 미묘한 차이를 잘못 판단하는 경우가 많다.

그리고 학생의 질문이나 의사 표현을 잘못 분석하는 경우도 있다. 특히 AI 챗봇이 이용자의 농담을 진지하게 받아들여 대화가 끊기는 경우다. 예를 들면, 보름달을 보고 학생이 AI에게 "저기 토끼가 살아!"라고 했을 때, AI는 달의 물리적 구성에 대해 진지하게 설명하기 시작한다. 그리고 "숙제하기 싫어 죽겠어!!"라며 학생이 푸념을 할 때, AI는 극단적 선택을 할 가능성으로 오해하며 가까운 심리상담 센터 연락처를 알려 준다. AI는 이런 미묘한 언어 표현이나 인간의 진의를 놓치는 경우가 있다.

이를 뒷받침하듯이 아마존 알렉사(Alexa), 구글 어시스턴트(Assistant) 같은 음성 비서들이 대화의 맥락을 놓치고 어색한 반응을 보이는 일화가 뉴스와 SNS에 종종 소개된다. 실제로 AI는 단어의 표면적 의미와 발화 톤을 기반으로 반응을 생성하지만, 인간은 상대의 경험, 상황, 감정의 미묘한 변화를 통합해 이해한다. 따라서 AI가 정교함을 더하더라도 상대방의 마음을 이해하는 능력을 갖추기에는 상당한 시간과 연구가 필요하다.

기술 발전에도 AI 감정 인식의 한계는 여전히 문제로 지적된다. 미국과 유럽에서는 AI가 인종, 성별, 문화적 차이로 인해 감정을 잘못 분석하는 사례가 보고되었고, 이는 편향된 데이터와 부족한 학습 과정 문제에서 비롯되었다. 한국에서도 비슷한 문제가 발생해 AI가 지역 방언이나 비속어 표현을 정확히 인식하지 못하는 일들이 발생했다.

AI는 감정의 다차원성과 인간의 문화적 다양성을 온전히 구현하기에는 아직 부족한 상태다. 결국 AI가 인간의 감정을 분석하는 기술은 매우 유용한 방향으로 발전하고 있지만, 감정 그 자체의 복잡성과 맥락적 깊이를 진정으로 이해하는 것이 언제쯤이 될지 명쾌하게 예측하는 전문가는 아직 없다. 따라서 AI가 제공하는 감정 분석 결과는 참고 자료이며, 실제 감정적 의사소통이나 상담, 치료와 같은 고도의 공감이 필요한 영역에서는 인간의 판단과 개입이 필수다.

이처럼 AI는 감정을 인식하는 도구로서의 역할은 할 수 있으나, 감정의 진정한 의미와 맥락, 뉘앙스를 완전하게 이해하고 그에 맞게 대응하는 능력은 인간만의 독특한 역량으로 남게 될 것이다. 오히려 AI가 인간의 감정을 완전히 이해한다고 섣불리 단정 짓지 말고, AI의 부족한 부분을 우리 인간도 정확히 인식해야 한다. 이는 우리가 AI를 어느 수준으로, 어떻게 활용해야 할지 방향성을 정하는 중요한 단서가 된다.

AI는 공감하는 척한다

식당 예약을 하거나, AS 상담 신청을 위한 AI 응대 서비스가 늘고 있다. 은행 업무를 볼 때도 은행 애플리케이션에 기본 탑재된 AI 챗봇이 고객이 던지는 질문을 빠르고 정확히 파악해 문제 해결을 도와준다.

최근 AI 분야에서 가장 많이 주목받는 주제 중 하나가 바로 '공감' 능력이다. 사람들은 AI가 단순히 명령을 수행하는 기계가 아니라, 마치 친구나 상담사처럼 감정적으로 교류할 수 있기를 기대하고 있다. 실제로 AI 기술은 감정을 모방하고 이용자와 '공감하는 듯한' 반응을 보여주는 데 어느 정도 성공을 거두었다. 하지만 중요한 점은 AI가 진짜 '공감'을 하는 것이 아니라, 단지 공감을 '흉내내는' 것에 지나지 않는다는 사실이다.

인간의 공감은 단순히 감정을 흉내 내는 것을 넘어선다. 사람은 타인의 감정을 보고 듣고 느끼며 이를 자신의 경험과 연결해 진심으로 이해하려 노력한다. 예를 들어, 친구가 어려움을 겪을 때 우리는 그 상황에서 겪는 고통을 상상하거나 자신의 비슷한 경험을 떠올리며 진심 어린 위로를 전한다. 이 과정에서 나오는 진심 어린 위로와 따뜻함이 바로 진정한 공감이다.

반면 AI는 데이터를 기반으로 작동한다. AI는 텍스트, 음성, 표정 등의 신호를 분석해 "이 감정은 슬픔이다", "이 상황에는 위로가 필요하다"라는 결론을 내린다. 예를 들어, 인간이 "오늘 정말 힘들었어!"라는 문장을 입력하면, AI는 미리 정의된 알고리즘에 따라 위로의 말을 건넬 수 있다. 하지만 이 AI가 실제로 '힘든 상태'를 느끼거나, 그 감정을 자신의 일부처럼 받아들이는 것은 불가능하다. AI의 반응은 빅데이터와 알고리즘에 기반을 둔 결과일 뿐, 진정한 공감이 아니다. 이를 '표면적 공감'이라고 부를 수 있다.

AI 상담 챗봇은 감정을 분석하고 위로를 건네는 기능을 제공하지만, 기계적인 반응에 실망을 느끼는 이용자도 많다. 챗봇이 같은 표현을 반복하거나 기대와 전혀 다른 대답을 할 때 인간은 AI가 "진짜 내 마음을 이해하지는 못하는구나"라고 느끼기 때문이다. 이에 반해 인간 상담사는 말뿐 아니라 몸짓, 표정, 침묵에서 나오는 미묘한 신호를 함께 읽어 내고, 자신만의 경험과 직관, 따뜻한 태도로 내담자의 감정을 깊게 이해한다. 이 차이가 바로 인간 공감의 본질이다.

진정한 공감은 타인의 감정을 단순히 외부에서 관찰하는 것이 아니라, 그 안으로 들어가 자신의 정서적 세계에 투영하는 것을 의미한다. AI는 그런 심리적 내재화를 할 수 없다. 그 이유로는 영화나 소설 속 인물과 달리 AI는 경험하지 않은 삶의 맥락을 갖지 못한다는 점을 들 수 있다. 감정은 개인이 살아온 역사, 가치관, 가족과 사회적 관계 속에서 형성된다. 이러한 감정적 토대가 없이 AI가 웅변처럼 잘 만들어진 말만 한다면, 그것이 아무리 기술적으로 정교해도 인간이 느끼는 '위로받음'과는 본질적으로 다르다.

물론 AI 연구자들은 공감 능력을 향상하기 위해 노력하고 있다. AI 챗봇은 이용자의 감정 상태를 분석해 대화를 조절하고, 긍정적이고 배려 깊은 반응을 생성하기 위해 머신러닝 기법을 적용한다. 최근에는 얼굴 인식과 음성 분석 기술을 결합해 감정 분석의 정밀도를 높이는 시도도 이루어지고 있다.

인간의 형상을 한 로봇이 사람의 얼굴 표정을 실시간으로 인식하고 그 감정에 맞춰 반응하도록 하는 기술도 있다. 로봇은 이용자가 기뻐하면 같이 웃고, 슬퍼하면 위로의 말을 해 준다. 이런 기술은 자폐 아동 교육과 치료 등 특정 분야에서 큰 도움이 되고 있다. 그러나 이 경우에도 로봇의 '공감'은 화면 너머로 전달된 감정을 정확히 모방하는 것에 그칠 뿐, 인간이 느끼는 이해와 내면적 감정 교류와는 다르다.

AI가 진정한 공감에 도달하려면 윤리적 · 기술적 한계를 극복해야 한다. AI는 감정 분석 도구로 유용할 수 있지만, 인간 전문가가 감정적 측면을 담당해야 할 상황에서는 여전히 한계가 뚜렷하다. 교육 현장, 상담실, 의료기관에서는 AI가 감정 분석을 돕는 보조 수단으로 활용되지만, 최종적으로는 인간이 깊은 공감을 통해 중요한 결정을 내려야 한다.

AI와 함께 살아갈 미래 사회에서 AI가 제공하는 편리함과 도움을 활용하되, 진정한 인간관계와 공감 능력의 가치를 가벼이 보아서는 안 된다. AI가 감정을 흉내 낼 수 있어도, 내면적 교감과 진정한 감정 이해는 인간만의 고유한 능력이다. 이 점이 바로 AI 시대에 더욱 빛나는 인간다움의 핵심이다.

참고문헌

보일(2021). 《AI 부디즘 : 인공지능에도 불성이 존재할까? 불교적 관점으로 바라본 인공지능의 현재와 미래》. 담앤북스.

인공지능신문(2025.2.25). "AI 챗봇 심리 상담 논란… 美 심리학회, "치료 효과보다 위험성 크다" 경고". https://www.aitimes.kr/news/articleView.html?idxno=34013

조선일보(2024.5.28). ""돼지 됐다니 기쁘군요" 유머를 다큐로 받아 배우는 AI". https://www.chosun.com/economy/tech_it/2024/05/28/CVRNBWRWTJD5NFKTTESDHG27NQ/

조용기·소병수(2025). "고령운전자의 교통사고 예방을 위한 법적 소고 – 이동권리의 보장과 인공지능(AI)기술의 활용을 중심으로 –". 《법학연구》, 28(1).

정현태 외(2024). 《감성 인공지능 : 인간 이해와 감성 증강》. 율곡출판사.

04
왜 AI는 진정한 예술가가 될 수 없나?

음악, 그림, 문학 등 모든 예술 장르는 창작자의 감정과 경험이 녹아든 결과물이다.
AI는 소설, 그림, 음악 데이터를 학습한 뒤 이를 토대로 새로운 결과물을 만들어 낸다. 그러나 이는 알고리즘에 따라 조합된 패턴일 뿐, 감정과 메시지를 담은 진정한 창작이라고 보기 어렵다.

AI와 사주?

창의성의 본질: 인간의 독특한 능력

피카소의 '입체주의' 화풍, 비틀스의 노래 속에 담긴 '사랑', '화합', '위로', '용기'와 같은 메시지, 그리고 한강 작가의 '삶과 죽음', '상실과 치유', 그리고 인간의 '연약함과 연대'를 담아낸 작품을 떠올려 보자. 창의성은 단순히 새로운 것을 만드는 것을 넘어, 경험과 감정, 문화적 배경이 어우러져 탄생하는 인간만의 독특한 능력이다.

인간은 자신만의 삶 속에서 다양한 경험을 쌓고, 그 경험을 바탕으로 감정을 느끼며, 자신이 속한 문화적 환경을 통해 세상을 바라본다. 이러한 요소들은 모두 창의적인 아이디어와 작품을 만들어 내는 밑거름이 된다. 예를 들어, 한 작가가 쓴 소설에는 그가 겪은 개인적인 경험과 그때 느꼈던 감정이 깊이 배어 있다. 소설 속 등장인물의 감정 변화나 사건 전개가 독자들의 마음을 움직이는 이유도 바로 여기에 있다.

AI는 방대한 데이터로 문장 패턴을 모방할 수 있지만, 이처럼 인간의 내면에서 우러나오는 감정과 의미를 스스로 체험하고 녹여 내는 능력은 부족하다. 심지어 같은 상황을 두고도 사람마다 다르게 느끼는 감정의 미묘한 차이와 그에 따른 창의적 표현은 AI가 모방하기 어려운 영역이다.

또한 상상력 역시 창의성의 핵심이다. 과학자 아인슈타인은 빛의 속도로 움직일 때 세상이 어떻게 보일지 상상하며 상대성 이론을 세웠다. 이는 단순한 계산이나 정보의 조합이 아니라, 기존 지식의 틀을 뛰어넘어 새로운 관점에서 사물을 바라보는 능력이다.

인간의 상상력은 종종 과거의 경험과 감정을 토대로 존재하지 않는 세상이나 상황을 만들어 낸다. 피카소가 전통적인 미술 기법에서 벗어나 입체파라는 새로운 예술 형식을 개척한 것도 자신의 내부 세계를 표현하는 독특한 상상력과 감정에서 비롯되었다. 이런 창의적 발상은 문화적 배경과 깊게 연관되기도 한다. 예를 들어, 한국의 전통 음악인 판소리는 오랜 역사와 민중의 삶, 그들의 감성을 반영하면서 긴 시간에 걸쳐 여러 형태로 진화했다. 이처럼 창의성은 단순히 아이디어를 조합하는 것이 아니라, 인간의 감성과 문화라는 토양에서 자라나는 생명력 있는 현상이다.

한편 창의성은 문제를 해결하는 일에도 드러난다. 발명가나 기업가는 기존에 없던 해결책이나 제품을 내놓아 세상을 변화시킨다. 우리가 사용하는 스마트폰이나 자동차, 백신에 이르기까지 수많은 발명품은 창의성의 결과다. 여기서도 감정과 경험 그리고 문화가 중요한 역할을 한다. 발명가는 인간의 삶이 더 나아지는 방법을 찾는다. 그 과정에서 문제를 새롭게 바라보고, 독창적인 아이디어로 해결책을 제시한다.

AI는 데이터로 문제의 해답을 분석할 수 있지만, 전례 없는 상황에서 인간처럼 직관과 창의적인 사고를 조합해 새로운 해결책을 제시하는 것은 아직 어렵다. 인간은 때로 직감에 의존해 기존의 논리나 데이터가 닿지 못하는 영역을 탐색한다. 이는 인류가 지금까지 기술과 문명을 진보시켜 온 중요한 힘이다.

창의성은 사회적 상호작용 속에서도 빛난다. 인간은 타인과의 대화로 새로운 생각에 자극을 받고, 감정을 나누면서 아이디어를 발전시킨다. 학교에서 친구와 의견을 나누고, 가족과의 대화에서는 응원과 격려, 지혜를 얻기도 한다. 문화 축제나 예술 공연, 그리고 SNS에서의 소통까지, 이러한 사회적 경험은 인간의 창의성을 촉진하는 중요한 원동력이 된다.

AI는 인간의 언어와 행동 패턴을 흉내 낼 수 있으나, 진정한 감정 교류와 공동체 속에서 발생하는 창의적 에너지를 완벽히 이해하거나 생성하지 못한다. 사람들은 때로 다른 배경과 경험을 가진 이들과의 만남에서 전혀 예상하지 못한 아이디어를 얻는다. 이처럼 문화적 다양성과 감정의 상호작용은 인간 창의성의 뿌리가 된다.

창의성이 발휘되는 또 다른 흥미로운 사례는 예술 작품 속에서 찾아볼 수 있다. 음악, 그림, 문학 등 모든 예술 장르는 창작자의 감정과 경험이 녹아든 결과물이다. 비틀스의 음악에는 그들이 살던 시대의 사회적 변화와 개인적 고민, 기쁨과 슬픔이 담겨 많은 이들의 공감을 산다. 이는 단순한 멜로디의 조합이 아닌, 깊은 인간적 통찰과 감정 표현의 산물이다. AI는 지금 가장 핫한 리듬을 조합해 작곡하므로 대중의 관심을 받기 쉽지만, 가수가 평소에 사회와 팬들에게 보낸 메시지, 진솔한 행동, 감동 등 다양한 요소는 포함되어 있지 않다. 감정과 문화가 융합된 창의성은 결국 인간의 삶에서 나오는 것이다.

결국 창의성은 인간의 경험, 감정, 문화적 배경이 서로 얽히고 융합해 탄생하는 고유한 능력이다. AI는 방대한 데이터를 처리하고 그 안에서 패턴을 발견하는 데 뛰어나지만, 인류가 가진 감정의 깊이와 문화 속에서 길러진 상상력을 따라잡을 수 없다.

새로운 아이디어와 창작물은 단순한 정보의 조합이 아니며, 인간의 내면에서 우러나오는 감정적 울림과 세상을 바라보는 독특한 관점이 결합된 결과다. 이런 점에서 창의성은 인간다움을 대표하는 가장 중요한 특징 중

하나이며, 앞으로도 AI가 완전히 대체하기 힘든 인간만의 영역으로 남을 것이다. 창의성은 단시간에 배우거나 복제할 수 없으며, 삶의 다양한 경험으로 단단해지고 풍성해지는 소중한 재능이다. 따라서 우리는 자신의 경험과 감정을 소중히 여기고, 문화적 배경을 존중하며 새로운 아이디어를 탐구하는 노력을 멈추지 말아야 한다. 그렇게 할 때에만 진정한 창의성을 발휘할 수 있다.

AI의 창작 과정: 데이터에서 탄생하는 패턴

AI는 창작의 영역에서 점점 더 많은 주목을 받고 있지만, 그 작동 방식을 먼저 이해하는 것이 필요하다. AI의 창작 과정은 기본적으로 방대한 데이터를 분석하고, 그 안에서 발견한 기존 패턴을 조합하는 방식으로 이루어진다. 즉 AI는 무에서 유를 창조하는 것이 아니라, 이미 존재하는 수많은 작품, 문서, 음악, 이미지 등 데이터를 학습해 그 특징과 구조를 파악한 뒤 이를 재구성하거나 변형해 새로운 결과물을 만들어 낸다.

구글에서 개발한 딥 드림(Deep Dream) AI는 인터넷에 존재하는 수백만 장의 이미지에서 공통으로 나타나는 시각적 패턴을 학습했다. 그리고 이 학습을 바탕으로 새로운 이미지를 생성할 때, 학습한 패턴을 조합하거나 강조해 환상적이고 독특한 시각적 효과를 만든다. 이 과정은 인간의 창작 과정과 크게 다르다. 인간은 자신의 감정과 경험, 상상력을 바탕으로 새로운 표현을 시도하지만, AI는 학습한 데이터와 알고리즘적 사고의 틀 안에 머문다. AI가 만든 작품은 데이터 속에 이미 존재하는 '형태'나 '아이디어'의 연결과 변형에 그치기 때문이다.

음악 분야에서도 AI의 창작은 비슷한 방식을 따른다. AI 작곡 시스템은 수천, 수만 곡의 음악 데이터를 학습해 특정 스타일이나 리듬, 화음 패턴을 인식한다. 이를 바탕으로 새로운 곡을 만들 때는 기존 작품들의 구조적 특징을 재배열하거나 변주한다. 예를 들어, 구글의 마젠타 프로젝트(Magenta Project)는 클래식부터 재즈까지 다양한 장르의 음악을 학습해 새로운 음악을 만들어 냈다. 그러나 이 음악에는 AI 자신의 감정이나 의도가 담기지 않는다. 즉 "슬픈 분위기"의 곡을 작곡하였더라도, 슬픈 감정을 바탕으로 작곡한 것이 아닌, 학습된 패턴(슬픈 멜로디)을 재현한 결과다.

반면 인간 작곡가는 자신의 삶과 내면의 감정을 음악에 투영하며, 듣는 이와 감정적으로 소통하려는 의도를 갖는다. AI가 만든 음악은 때로 매우 정교하고 아름다울 수 있지만, 그 안에 인간만이 느낄 수 있는 창의적 에너

지나 깊은 공감은 포함되지 않는다.

문학 분야도 비슷하다. AI 챗봇이나 텍스트 생성 모델은 수많은 소설, 시나리오, 기사 등에서 문장 구성 방식을 학습한다. 이를 토대로 새로운 이야기를 만들지만, 그 이야기는 알고리즘이 인식한 패턴의 조합일 뿐, 감정과 메시지를 담은 진정한 창작이라고 보기 어렵다. AI는 인간의 경험이나 내면의 고민을 반영할 수 없으며, 이야기 속 인물의 심리 변화나 주제 의식을 깊이 있게 전달하지 못한다. 그래서 AI가 쓴 소설이나 시는 문장 자체는 아름답지만, 그 안에 담긴 의미와 정서적 울림이 부족하다는 평가를 받는다. 이는 AI의 기술 특징상 데이터를 조합해 창작을 하는 방식이기 때문이다.

AI가 창작 분야에서 이룬 성과는 인상적이고 혁신적이다. 네덜란드 프로젝트 '넥스트 렘브란트(The Next Rembrandt)'는 렘브란트의 346점의 작품을 데이터화하고 AI가 이를 학습해 새 그림을 그려 냈다. 3D 프린터로 실제 물감의 질감까지 재현한 이 작품은 AI가 예술가의 스타일을 체계적으로 분석하고 복제할 수 있음을 보여준다. 그러나 이 또한 기존 예술가의 작품 데이터를 기초로 한 것이며, AI가 스스로 새로운 화풍이나 스타일을 창조한 것은 아니다. 인간 예술가는 자신의 삶의 변화, 시대정신, 개인적 감정을 작품에 녹여 내며, 이는 단순한 화풍의 조합이나 복제와는 근본적으로 다르다.

이처럼 AI 창작물은 대개 '패턴 기반의 재구성'이라는 한계를 벗어나지 못한다. 반면 인간의 창작은 복합적인 경험과 감정을 바탕으로 해 완전히 새로운 개념을 만들어 내곤 한다. 예를 들면, 현대 미술가들은 기존의 틀을 깨고 전혀 새로운 개념과 메시지로 작품을 창조하는데, 이는 AI가 단순히 과거의 데이터를 분석하는 방식으로는 구현할 수 없는 영역이다.

인간은 자신의 문화적 배경과 철학, 사회적 맥락을 반영해 창의성을 발휘한다. 한 작품이 시대를 대표하거나 사회에 영향을 미치는 경우가 있다. 이는 창작자가 자신의 생각과 가치를 작품에 투영하기 때문이며, AI 창작물은 그러한 맥락을 인식하거나 반영해 창작하는 방식이 아니다. 더욱이 AI는 종종 학습 데이터의 문제로 엉뚱한 결과를 낳기도 한다. 학습에 사용된 데이터가 특정 시대, 지역, 문화에 쏠려 있다면 AI가 만들어 내는 작품이나 결과 역시 일부분만을 대변한다. 이는 창의성의 다양성의 수준을 제한한다. 반면 인간은 다양한 경험과 상호작용으로 자기만의 독특한 창작 세계를 구축해 나가고, 때로는 기존의 편견을 깨는 혁신적 발상을 하기도 한다. 창의성의 힘은 바로 이 '경험과 배경의 차이', 그리고 '인간 내부의 복잡성'에서 나온다. AI는 이러한 창의성이 결여되어 있다.

물론 AI 창작물의 가치를 부정하는 것은 아니다. AI는 인간 창작자의 아이디어 개발에 도움을 줄 수 있다. 방대한 데이터 분석으로 새로운 영감을 불러일으키거나, 반복적이고 기술적인 작업을 대신해 창작자가 더욱 창의적인 영역에 집중할 시간을 확보해 준다. 하지만 AI가 완전히 인간을 대체해 스스로 독창적인 창작자가 되는 날은 아직 오지 않았다. 따라서 창작에서 AI는 훌륭한 도구이자 조력자로 활용하는 것이 바람직하다.

요약하면, AI의 창작 과정은 빅데이터를 기반으로 기존 패턴을 학습하고 이를 조합하는 방식으로 이루어지며, 이는 인간 창작물이 가진 감정적 깊이, 문화적 맥락, 독창적인 상상력과는 근본적인 차이가 있다. AI가 만든 작품은 기술적 완성도나 스타일 복제에서 뛰어날 수 있으나, 진정한 의미의 '창의성'과 '예술성'이라는 면에서는 인간 창작물과 비교할 수 없는 한계를 지닌다. 따라서 AI가 창작 분야에서 갖는 역할은 계속 커지겠지만, 인간의 고유한 창의력은 앞으로도 중요한 영역으로 남아 변화하는 시대 속에서 인간다움의 가치를 지켜 줄 것이다.

예술의 의미: 감정과 공감이 중요한 이유

서울 국립중앙박물관 '사유의 방'에 "금동미륵보살반가사유상"이 전시되어 있다. 왼쪽 무릎 위에 오른쪽 다리를 걸치고 고개 숙인 얼굴의 뺨에 오른쪽 손가락을 살짝 대고 깊은 명상에 잠긴 모습의 반가사유상이다. 그 표정에는 인생의 고뇌, 감정, 깨달음 등이 담겨 있다.

예술은 단순히 눈에 보이는 결과물이 아니라, 창작자의 감정과 메시지를 전달하는 복잡하고 깊은 과정이다. 하나의 그림, 음악, 연극, 문학 작품 등이 탄생하기까지 창작자는 자신의 내면에 자리한 감정의 파동과 삶의 경험을 녹여 낸다. 예컨대 한 화가가 캔버스에 색을 칠할 때는 단순히 색채의 조합만을 고민하는 것이 아니다. 그 속에는 희로애락의 감정이 함축되어 있으며, 이를 표현함으로써 관람자와 감정을 공유하고 소통하려는 의도가 담긴다. 이러한 감정의 전달은 예술의 핵심이며, 예술이 다른 어떤 표현 수단과 구별되는 이유다.

인간은 예술을 통해 자신의 복잡한 내면을 드러내고, 사회와 역사, 문화 속에서 자신의 위치와 의미를 탐색한다. AI가 정교하게 그림을 그리거나 음악을 만들더라도, 그 과정에서 느끼는 감정과 메시지를 온전히 담아내지 못하는 이유가 바로 여기에 있다.

앞서 언급한 비틀스의 사례를 다시 들어 보면, 폴 매카트니(Paul McCartney)가 〈렛 잇 비(Let it be)〉라는 명곡을 만들 당시에 처한 힘든 상황과 사별한 어머니를 그리며 탄생시킨 노래는 단순한 멜로디 이상의 의미를 지닌다. 그 곡은 작곡가가 체험한 감정의 깊이와 파고를 담고 있으며, 이 노래를 듣는 사람들 역시 그 감정을 이해하고 공감할 수 있다. 이처럼 예술은 창작자와 대중 사이에 감정을 매개하는 다리 역할을 한다. AI가 만든 음악은 기술적으로 뛰어나고 듣기에 좋을 수 있지만, 창작자가 어떤 감정을 느끼고 전달하려 했는지는 분명하지 않으며, 그 감정을 창작자와 교류하거나 소통할 기회나 경험이 전무하다. 이는 AI가 결과물을 창작하는 행위 이외에 추가 활동은 하지 않기 때문이다.

AI는 감정을 "이해"하거나 "느끼는" 것이 아니라, 문자나 음파의 패턴을 통계적으로 분석하는 수준에서 머문다. 즉 AI는 감정이 실린 메시지를 만들어 내는 창작자가 아니라, 주어진 데이터를 바탕으로 스타일을 따라 하는 '복제자'에 가깝다.

예술에서의 '공감'은 단순한 감정 표현을 넘어선다. 공감은 타인의 감정을 이해하고 함께 느끼는 심리적 과정이다. 예술은 이 공감 능력을 키우는 강력한 매개체다.

영화, 연극, 소설 등 다양한 예술 작품으로 대중은 자신과 전혀 다른 삶을 사는 이들의 고통, 기쁨, 갈등을 체험할 수 있다. 이러한 경험은 개인과 사회 모두에게 정서적 연결고리를 만들어 내고, 서로 다른 사람들이 더 깊게 이해하고 소통하는 기반이 된다.

AI는 표면적인 언어 표현이나 표정, 목소리 톤을 모방할 수 있지만, '공감' 수준의 감정 교류를 할 수 없다. 공감은 단순한 정보 전달이 아니라, 상대방의 내면을 헤아리고 자신도 그 감정을 느끼려는 심리 작용이다. AI는 인격을 가진 존재가 아니므로, 자발적으로 내면의 울림이나 감정적 공명을 만들어 내는 것이 불가능하다.

이러한 이유로 예술에서 감정과 공감의 중요한 역할은 AI가 대체할 수 없는 인간만의 영역임을 알 수 있다. 예를 들어, 윤동주 시인의 〈서시〉와 〈별 헤는 밤〉은 조국의 현실과 자신의 내면에 자리한 깊은 고뇌와 실망을 솔직하게 드러내어 독자들에게 큰 울림과 위로를 선사한다. AI가 만든 시는 형식적으로 훌륭할 수 있지만, 시인이 겪은 구체적인 경험과 민족 정서가 내재된 섬세한 느낌까지 전달하지는 못한다.

게다가 예술은 받아들이는 개인의 주관적 경험과 감정에 따라 해석과 감동의 정도가 달라진다. 같은 작품이라도 개인마다 느끼는 감정이 다르고, 각자의 삶과 관련된 의미를 찾는다. 이처럼 예술은 인간의 복잡한 감정 세계와 상호작용하며 생명력을 지닌다. 이는 AI가 당분간은 쉽게 극복하기 어려운 과제이며, 인간과 AI의 차이를 극명히 드러내는 부분이다.

예술은 단순한 창작의 산물이 아니라, 창작자의 감정과 메시지가 녹아든 소통의 도구다. 감정과 공감은 예술을 살아 숨 쉬게 만드는 원동력이며, 인간만이 가진 고유한 능력이다. AI는 데이터로 패턴을 흉내 내고 새로운 형태를 만들어 낼 수 있지만, 그 안에 담긴 감정의 깊이와 공감의 힘을 이해하거나 느끼지는 못한다. 따라서 예술의 진정한 의미와 가치는 AI가 흉내 낼 수 없는 '인간다움'에 의해 완성된다.

우리는 앞으로 예술을 접할 때, 그 안에 담긴 창작자의 숨결과 감정을 느끼고, 나아가 자신의 감정과 생각을 표현하며 공감하는 능력을 소중히 키워 나가야 한다. 그래야만 AI 시대 속에서 더욱 빛나는 인간의 창의성과 감성, 그리고 따뜻한 소통의 가치를 지킬 수 있다.

참고문헌

권오형(2024). 《이것이 AI에이전트·챗봇이다 : AI에이전트가 가져올 비즈니스변화와 대응전략》. 미디어북.
소병수(2023). “미디어 영역에서 인공지능(AI) 기술의 확산과 제문제 – AI 창작물의 혼동 및 권리침해 방지를 위한 워터마크 등 식별조치를 중심으로 –”. 《원광법학》, 39(3).
애플경제(2025.2.25). “AI 예술, 창작의 판도를 뒤집다… 공존 가능할까”.
정지우(2025). 《AI, 글쓰기, 저작권: 생성형 인공지능 시대, 창작은 어떻게 바뀌는가》. 마름모.
중앙선데이(2025.3.22). “AI와 예술의 ‘윈윈’, 인간다움서 찾아야”. https://www.joongang.co.kr/article/25322500
한국예술가협회(2024.12.17). “AI 창작물, 인간의 창작인가 AI의 창작인가?”. https://www.koreaart21.com/news/articleView.html?idxno=3064

05
기술과 윤리의 경계에서 흔들리는 AI

AI 기술의 발전은 인류에게 많은 혜택을 가져왔지만, 동시에 윤리적 문제가 끊임없이 제기되고 있다. AI는 인간의 행동을 모방하거나 데이터를 분석해 판단을 내리는데, 그 결정이 인간의 도덕적 가치관과 항상 일치하지 않는다. 일부 국가나 사회에서 중요하게 여겨지는 윤리적 가치라도 다른 곳에서는 그렇지 않을 수 있다. AI는 이러한 다원적 가치관을 모두 반영하기 어렵다.

AI와 아이돌?

AI의 발전: 기술은 어디까지 왔는가?

AI 기술의 발전은 우리가 살아가는 방식을 크게 변화시키고 있다. AI 기술은 이미 우리의 일상에 깊숙이 스며들었으며, 이로 인해 삶이 편리해지고 효율적으로 바뀌고 있다. 우리 주변의 일상생활에서도 AI가 활용되고 있다. 예를 들어, AI는 위성 데이터를 분석해 기후 변화를 예측하고, 에너지 소비를 최적화하거나 재생 가능 에너지의 효율적인 활용 방안을 제안함으로써 환경 보호에 기여하고 있다. 이러한 기술은 우리의 삶을 더 나은 방향으로 변화시키고 있다.

의료 분야에서도 활약이 두드러진다. 챗GPT는 의사가 놓친 환자의 '암'을 발견해 내기도 했다. 실제로 병원에서는 극심한 복통에 시달리는 환자 A씨에게 위산 억제제를 처방했다. 별다른 차도가 없는 환자는 자신의 증상을 챗GPT에게 물어보았고, 챗GPT는 갑상샘암이 의심된다고 분석했다. 이 결과를 가지고 병원에 간 A씨는 갑상샘암이 아닌지 의사에게 의견을 물었고, 검사 결과 갑상샘암으로 진단되어 항암 치료를 받게 되었다.

이 사례처럼 AI는 질병의 진단을 돕는 수준까지 이르렀다. 수많은 환자를 진료하다 보면 때로 의사도 실수를 할 수가 있는데, AI 기술로 환자에게 보다 정확한 의료 서비스를 제공할 수 있다. 그뿐만 아니라 AI는 뇌졸중, 암, 심혈관질환 등 다양한 중증 질환의 예측에서도 성과를 내고 의료 현장의 혁신을 이끌고 있다. 이러한 변화는 의료진의 부담을 줄이고, 환자들이 적시에 치료받을 기회를 높여 건강관리의 질을 크게 향상한다.

교통 분야에서도 AI는 인간을 돕는 주역이다. 자율주행차는 그 대표 사례로, AI는 센서와 카메라로 수집된 도로 상황 데이터를 실시간으로 분석해 차량을 안전하게 운행하도록 돕는다. AI가 교통신호, 보행자, 다른 차량까지 인식해 충돌 위험을 줄이고 안전한 교통 문화에 이바지한다. AI는 빅데이터와 교통정보를 분석해 최적의 경로를 추천하고, 실시간 교통 체증 예측 및 관리를 가능하게 한다. 아주경제에 따르면 중국의 항저우시에서는 2020년 AI 교통관제 시스템을 도입해 교차로 차량 통행 시간을 약 15%나 감축하는 성과를 거두었다. 이처럼 AI는 교통의 편리함뿐 아니라 스마트한 주행을 하면서 결과적으로 환경 보호에도 기여하고 있다.

교육 분야에서도 AI 기술의 활용이 돋보인다. AI는 학생들의 학습 데이터를 분석해 학생 개개인의 수준에 맞는 맞춤형 학습 콘텐츠를 제공하며, 효율적인 학업 진도를 관리한다. 생성형 AI는 교사들이 수업 자료를 만들 때

입시 경향이나 사회 문제 등 최신 상황을 업데이트해 준다. AI는 교육 현장의 행정 업무도 자동화해 교사들이 학생 지도에 더욱 집중할 수 있게 한다.

이처럼 AI가 다양한 분야에서 가져오는 편리함과 혁신은 매우 크다. 하지만 동시에 새로운 윤리적 문제들도 등장하고 있다. AI가 의사결정에 관여하는 범위가 넓어지면서, 그 판단이 공정하고 투명하게 이루어지는지 우려가 제기된다.

의료 분야에서는 AI 진단 오류로 인한 의료 사고 가능성이 있고, 교통 분야에서 AI 자율주행차가 사고를 일으켰을 때 책임 소재가 불분명해질 수 있다. 기술 발전이 가져온 변화는 분명히 긍정적이지만, AI 윤리 문제는 해결해야 할 도전이다. '트롤리의 딜레마'는 대표 사례다. 인간의 복잡한 가치 판단을 AI가 어떻게 반영할 수 있을지 고민은 계속될 것이다. 또한 AI 시스템 설계와 운영 과정에서 인간의 책임 소재를 명확히 하는 것도 매우 중요하다. AI 기술의 불완전함을 인지하고, 오류가 발생했을 때 신속하게 대응할 수 있는 체계 마련이 필요하다.

결국 AI 기술은 인간의 삶을 편리하게 만들고 혁신을 촉진하는 강력한 도구다. 그러나 이러한 기술적 편리함 속에는 복잡한 윤리적 과제들이 숨어 있다.

윤리적 갈등: AI가 직면한 딜레마

AI가 자율적으로 의사결정을 내리는 과정에서 윤리적 갈등은 불가피한 문제다. AI는 인간의 행동을 모방하거나 데이터를 분석해 판단을 내리지만, 그 결정이 인간의 도덕적 가치관과 항상 일치하지는 않는다. 이로 인해 AI가 실제 상황에서 내리는 결정이 사회적 논란과 갈등을 일으키는 사례가 다수 발생하고 있다.

현실에서는 국가마다 사회적 가치와 법률이 다르기 때문에 전 세계를 아우르는 보편적인 AI 윤리 가이드라인을 만들기가 쉽지 않다. 대표적으로 자율주행차가 사고를 일으켰을 때 책임을 누구에게 지우는지 기준도 국가마다 보는 관점이 다르다.

한편 자율주행뿐 아니라 의료 분야에서도 AI 의사결정에 따른 윤리적 갈등 사례가 나타난다. AI 진단 시스템이 내리는 결과가 인간 의사의 판단과 다를 경우, 어느 쪽을 신뢰할 것인지가 논란이 된다. 만약 AI가 환자의 생명과 직결된 결정을 잘못 내렸다면, 그 책임은 누구에게 있을까? AI 개발자, 병원, 의료진, 아니면 AI 자신일까? 법적·윤리적 기준이 없는 상태에서 이 문제는 더욱 복잡해진다. 그리고 환자의 의료 데이터가 AI로 분석되면서 의료 정보나 프라이버시를 어떻게 보호할 것인지도 중요한 사안이다.

기술이 발전했음에도 인간의 가치관과 법적·사회적 기준을 충분히 반영하지 못하는 AI는 오히려 불공정과 차별의 도구가 될 우려가 있다. 인간의 가치관과 AI 알고리즘 간의 불일치는 또 다른 갈등과 도전을 낳는다. 인간은 상황에 따라 유연하게 판단하며 문화적, 도덕적 배경에 근거해 의사를 결정한다. 반면 AI는 정해진 규칙과 데이터에 기반을 두고 판단을 내리기 때문에, 복잡한 인간 사회의 특수한 상황이나 미묘한 윤리적 감각을 제대로 반영하지 못한다.

일부 국가나 사회에서 중요하게 여겨지는 윤리적 가치라도 다른 곳에서는 그렇지 않을 수 있다. AI는 이러한 다원적 가치관을 모두 반영하기 어렵다. AI가 내린 결정이 한 문화권에서는 문제없이 받아들여질 수 있으나, 다른 문화권에서는 심각한 윤리적 문제가 될 수도 있다. 따라서 AI 개발 시 전 세계 공통의 윤리적 기준을 마련하는 일도 고민해 보아야 한다.

AI가 자동으로 의사 결정을 내릴 때 인간의 개입과 통제가 어느 정도 필요한지도 중요한 논쟁거리다. AI의 판단이 오류를 낳거나 예기치 않은 결과가 발생했을 때, 인간이 이를 얼마나 빠르고 효과적으로 바로잡을 수 있는

지가 중요하다. 예측 불가능한 상황 속에서 AI의 한계를 분명히 인지하고, 책임 소재를 분명히 하며, 윤리적 통제 장치를 마련하는 일이 필수다.

그뿐만 아니라, AI가 스스로 판단할 수 있도록 하는 기술의 발전과 함께 불확실성에 대한 대비가 함께 이루어져야 한다. AI가 직면한 윤리적 딜레마는 단순히 기술적인 문제가 아니라 사회 전반의 가치와 법, 철학적 문제를 함께 아우르는 복합적인 이슈다. 우리가 AI를 안전하고 윤리적으로 활용하기 위해서는 기술 발전뿐 아니라 인문 사회적 성찰과 법적 안전장치의 조화가 필요하다.

AI가 미래 사회에 가져올 변화를 이해하면서, 윤리적 문제에 대해 함께 고민하는 자세를 갖는 것이 중요하다. AI가 우리 삶을 더 나은 방향으로 변화시키려면, 인간의 윤리적 판단과 책임이 반드시 함께해야 한다는 점을 잊지 말아야 한다. AI가 직면한 윤리적 갈등과 딜레마는 인간의 가치관과 사회적 합의로 해소되어야 하며, 이는 우리가 미래를 준비하는 데 가장 중요한 과제다.

기술과 윤리의 조화는 가능할까?

AI 기술의 발전은 인류에게 많은 혜택을 가져왔지만, 동시에 우려도 끊임없이 제기되고 있다. 그래서 기술과 윤리의 조화로운 발전이 얼마나 중요한지에 대한 인식도 높다. AI가 윤리적 문제를 해결하기 위해서는 단순히 기술만 발전하는 것에 그치지 않고, 사회적 기준과 윤리 원칙을 함께 마련하는 노력이 필수다.

이를 위해 전 세계 여러 나라와 기관, 기업에서는 AI 윤리 가이드라인을 만들고 있는데, 이들은 AI가 인간의 가치와 기본권을 존중하며 공정하고 책임감 있게 작동하도록 하는 원칙들을 담고 있다. 국내에서는 과학기술정보통신부와 한국지능정보사회진흥원 등 관련 기관들이 2023년에 '생성형 AI 윤리 가이드북'을 발표하고 후속 정책 개발을 노력 중이다. 이는 이용자들이 AI를 안전하고 신뢰할 수 있도록 하는 사회적 안전망 역할을 한다.

유럽연합(EU)은 2020년에 신뢰할 수 있는 AI를 개발하고 활용하기 위한 가이드라인을 발표하였고, 2024년에는 AI가 투명성, 공정성, 안전성, 책임성을 갖추도록 규제하는 'AI법(AI Act)'을 제정했다. 이러한 노력은 AI가 잘못된 판단을 내리거나 편향된 결과를 제공하지 않도록 예방하는 데 도움을 준다.

EU의 AI 윤리 가이드라인에서는 AI 시스템의 결정 과정이 투명해야 하며, 누구나 그 이유를 이해할 수 있도록 설명 가능해야 한다고 강조한다. 이를 '알고리즘 투명성'

이라고 하며, AI가 어떻게 판단을 내리는지 알아야 한다는 의미다. 알고리즘 투명성이 확보되면, 이용자들은 AI가 내린 결정을 신뢰할 수 있고, 문제가 생겼을 때 원인을 추적해 개선할 기반이 마련된다. 예를 들어, AI가 면접에서 특정 지원자를 부당하게 탈락시키는 경우, 그 이유와 알고리즘의 작동 방식을 공개함으로써 문제점을 발견하고 수정할 수 있다. 이처럼 기술적 발전과 함께 윤리적 투명성을 지키는 일은 AI 발전의 필수 조건이다.

그러나 특정 국가나 지역에서 만든 가이드라인이나 법률이 전 세계에 공통으로 적용될 수 있는가에 대한 논란도 있다. 윤리, 도덕, 가치 등의 개념은 각 국가나 지역마다 해석의 차이가 있기 때문이다. 이를 위해 각 국가나 지역마다 특화된 가이드라인이나 법률이 필요하며 동시에 전 세계의 공통된 가이드라인이나 제도도 필요하다. 이를 위해 유엔이나 경제개발협력기구(OECD) 같은 국제기구들은 AI 윤리에 관한 글로벌 원칙을 제정하며 회원국 간 협력을 강조하고 있다. 이런 움직임은 AI 윤리 기준을 국제적으로 정립하는 중요한 발판이 된다.

기술과 윤리의 조화를 이루기 위해서는 단순히 제도만으로는 부족하다. AI를 개발하고 사용하는 인간들의 역할과 책임도 매우 크다. 인간은 AI를 만드는 주체로서 기술이 사회에 미치는 영향을 제대로 평가하고, 윤리적 문제를 사전에 예방하기 위한 노력을 지속해야 한다.

논의한 바와 같이 인간이 AI를 지속해서 감독하고 통제하며 부족한 부분은 보완하는 역할을 충실히 할 때, AI 기술은 인간의 가치와 사회적 합의에 부합하는 방향으로 발전할 수 있다. 네이버, 카카오, 삼성, LG 같은 국내 기업들도 AI 윤리를 위한 자문 기구를 운영하며 개발 기준의 설정과 윤리 준수 여부를 점검하고 있는 것도 좋은 사례다.

더 나아가 기술과 인간 간의 협력은 AI 발전에서 균형 잡힌 미래를 만드는 데 핵심이다. AI가 모든 문제를 해결하는 만능 도구가 될 수 없으므로, 인간의 고유한 능력과 가치를 살리는 협력 구조가 중요하다. AI가 반복적인 대량의 데이터를 처리하고, 인간은 윤리적 판단, 창의성, 감정적 이해 등으로 AI를 보완하고 균형을 잡는다.

무엇보다 중요한 것은 AI 윤리 문제를 AI 기술 활용을 위해 투자해야 할 비용(Cost)으로 인식하고, 모두가 이에 적극적으로 관심을 가지는 것이다. AI가 가져올 발전된 미래를 준비하면서, 기술의 활용과 함께 그로 인한 윤리적 문제에 대해 깊이 고민해야 한다. 단순히 AI가 무엇을 할 수 있는지 기대하고 사용하는 것을 넘어, AI가 어떻게 책임 있게 작동되어야 하는지 관심이 필요하다.

더 나아가 AI 기술에 대한 비판적 사고와 윤리적 감수성을 갖추는 것이 중요하다. AI가 만든 콘텐츠를 맹목적으로 믿거나 무분별하게 활용하기보다는, 그 한계와 위험성을 인지하고 적절하게 대응할 줄 아는 능력을 키워야 한다. 이는 AI 시대에 인간다운 삶과 안전한 사회를 만드는 데 필수 요소다.

AI 기술과 윤리의 조화는 반드시 풀어야 할 과제다. AI 윤리 가이드라인과 알고리즘 투명성 확보는 그 출발점이며, 인간과 AI가 협력하는 새로운 관계로 균형 잡힌 발전을 이룰 수 있다. 법적, 제도적 틀과 국제 협력이 뒷받침될 때, AI는 사회적 신뢰를 얻으며 공익을 위한 도구로 자리매김할 것이다.

참고문헌

개인정보보호위원회(2024.12.19). "국민이 신뢰할 수 있는 인공지능 시대를 위한 AI 프라이버시 리스크 관리 모델 제시".

바이오타임즈(2024.10.3). "AI 암 진단 시장, 2030년 1조 3,000억 원 규모…세상을 바꿔놓는 의료AI". https://www.biotimes.co.kr/news/articleView.html?idxno=17296

아주경제(2020.1.15.). "알리바바의 도시 빅데이터 실험 '시티브레인' 현황은?".

https://www.ajunews.com/view/20200115110155451
에스비에스뉴스(2025.4.2). "AI 시대, 개인정보 활용과 보호의 딜레마… 해법은".
https://news.sbs.co.kr/news/endPage.do?news_id=N1008046643
연합뉴스(2024.9.14). "외로움 달래주는 AI… "과도한 의존·사생활 침해는 문제"".
https://www.yna.co.kr/view/AKR20240911125000017
한국과학기술정보연구원(2024). "인공지능 윤리(AI Ethics): 인간과 인공지능의 조화로운 공존 방안".

06
임기응변에 빛나는 인간의 유연성

인간은 직관, 경험, 창의력으로 변화에 유연하게 적응하며 예측 불가능한 상황에서도 문제를 해결한다. 반면 AI는 방대한 데이터를 단숨에 분석하지만, 데이터의 양과 질이 떨어지면 분석 성공률이 낮아진다. 미래 사회는 인간의 유연성과 AI의 분석력이 더해져 혁신을 이끄는 방향으로 가야 한다. 각각의 장단점이 무엇인지 파악하고 상호 보완하는 것이 중요하다.

AI와 야구?

인간의 유연성: 변화에 빠르게 적응하는 능력

새로운 직장이나 학교에 가면 처음에는 낯설다. 그러나 일정 시간이 지나면 어느새 익숙하게 느껴진다. 이러한 인간의 적응 능력, 유연한 성격은 개인별로 정도에 다소 차이가 있을 뿐 누구나 지니고 있다.

세상은 끊임없이 변하고 있으며, 새로운 문제와 상황이 계속해서 발생한다. 이런 환경 속에서 인간은 복잡한 문제를 해결하고 변화하는 조건에 적응하는 능력을 발휘한다. 예를 들어, 자연재해가 발생했을 때 사람들이 신속하게 대피하거나 구조 활동에 참여하는 모습에서 인간의 임기응변과 유연성을 볼 수 있다. 예상치 못한 재난 상황에서도 당황하기보다 침착하게 상황을 판단하고 적절한 대응하는 것은 인간의 탁월한 능력이다.

과학기술이 빠르게 발전하는 현대 사회에서 새로운 기술을 배우고 활용하는 것도 인간의 탁월한 능력을 보여 주는 사례다. 대표적으로 스마트폰이나 컴퓨터 같은 복잡한 기기를 처음 접하더라도 금세 익혀서 일상생활에 적용한다. 이는 단순한 기계 조작을 넘어 새로운 환경에 능동적으로 적응하는 인간의 능력을 입증한다. 인간의 유연성은 단지 새로운 환경에 적응하는 데 그치지 않고, 인간 내면에 있는 직관, 경험, 창의력과 긴밀히 연결되어 있다.

직관은 수많은 경험 속에서 축적된 무의식적인 판단력으로, 복잡한 문제를 단순화해 빠르게 해결할 수 있게 돕는다. 예를 들어, 운동선수들은 경기 중 순간순간 내리는 결정들이 대부분 직관에 기초한다. 복잡한 수치나 분석에 의존하지 않고 몸과 마음이 자연스럽게 반응하도록 훈련된 것이다. 실생활에서도 직관은 매우 중요한 역할을 한다. 길을 걷다가 갑자기 위험한 상황이 생겼을 때 즉각적으로 위험을 감지하고 대피하는 행동도 직관의 산물이다.

이는 논리적인 사고 과정보다는 무의식적인 판단에서 비롯된 것이다. 여기에 인간은 과거 경험을 더해 문제 해결 능력을 키운다. 다양한 경험들은 상황을 보다 정확하게 이해하고 대응하는 데 도움을 준다. 한 학생이 학교에서 수학 문제를 풀다가 어려움에 직면했을 때, 이전에 비슷한 유형을 풀어 본 경험을 바탕으로 답을 찾는 것 역시 경험의 힘이다.

창의력은 인간 문제 해결 방식에서 빼놓을 수 없는 요소다. 창의력은 기존의 사고방식에서 벗어나 새로운 시각과 방식을 찾아내는 능력으로, 고정된 틀에 얽매이지 않는다. 유명한 발명가 토머스 에디슨(Thomas Edison)

은 수많은 실패를 경험하면서도 새로운 방법을 시도하며 전구를 발명했다. 그 과정에서 직관과 경험이 결합된 창의적 아이디어가 빛을 발했다. 이러한 복합적인 문제 해결 전략은 인간이 가진 독특한 능력이라고 할 수 있다.

AI가 많은 계산과 패턴 인식에서 탁월할지라도 이러한 직관, 경험, 창의력의 융합적 작용은 쉽게 따라 하기 어렵다. 일례로 기업가가 급변하는 시장 상황에 대응하는 모습을 들 수 있다. 코로나19 팬데믹처럼 전례 없는 사회, 경제 환경 변화가 발생할 때 일부 기업가는 신속하게 온라인 판매로 사업 방식을 전환하거나 새로운 제품 개발에 나섰다. 이 과정에서 데이터에만 의존하지 않고, 시장의 흐름과 소비자 심리를 직관적으로 판단하며 창의적인 마케팅 전략을 구상했다. 이런 사례들은 인간의 유연성이 단순히 주어진 문제를 해결하는 능력을 넘어, 미래를 예측하고 새로운 환경에 적응하는 능력임을 보여 준다.

교육 현장의 학생들이 새로운 지식을 받아들이고 문제를 분석하며 창의적으로 접근하는 과정에서도 인간의 유연성은 빛을 발한다. 과거에는 주로 암기와 반복 학습이 강조되었다. 그러나 현대 교육은 문제해결력과 창의적 사고를 키우는 데 주력한다. 학생들은 다양한 프로젝

트와 토론으로 각기 다른 관점을 이해하고 수용하며 자신만의 해결 방식을 만들어 나간다. 이런 과정은 인간의 유연성을 개발하는 교육 방식이다.

사회적 변화에 대한 적응 능력도 중요하다. 예를 들어, 이민자들이 새로운 문화와 언어 환경에 적응하는 과정에서 단순히 언어를 배우는 것을 넘어서, 새로운 사회 규범과 가치관을 이해하고 받아들이는 심리적 유연성이 있다. 이들은 모국에서 익숙했던 생활방식에서 벗어나 새로운 사회에 빠르게 적응하는 모습을 보인다. 이처럼 인간의 유연성은 물리적 환경뿐 아니라 심리적, 사회적 변화에도 능동적으로 적응하는 능력으로 끊임없이 확장되는 개념이다.

예술 분야에서도 인간의 유연성은 중요한 역할을 한다. 예술가는 자신의 감정과 경험, 문화적 배경을 토대로 작품을 창조하고 이를 통해 변화하는 세상에 반응한다. 어떤 화가가 전쟁 같은 시대적 혼란을 겪으면서도 그 감정을 독특한 색채와 형상으로 표현하는 것은 단순한 모방을 넘어선 창의적 적응이다. 그는 기존의 표현 방식을 뛰어넘어 새로운 예술적 형태를 만들면서 시대의 변화를 반영한다. 이를 통해 예술은 우리가 변화를 이해하고 새로운 길을 모색하는 데 중요한 매개체 역할을 하게 된다.

결국 인간의 유연성은 고정된 틀이나 규칙에 얽매이지 않고 변화에 맞춰 자신의 사고와 행동을 조절하는 능력이다. 이는 생존 전략일 뿐 아니라 개인과 사회가 지속적으로 성장하고 혁신하는 데 필수 요소다. 변화하는 미래 사회에서는 더더욱 인간의 유연성이 중요해질 것이다. 예측 불가능한 환경 속에서 AI가 해결할 수 없는 문제를 인간만의 직관과 창의력으로 헤쳐 나가야 한다. 이를 통해 새로운 가치를 창출할 수 있다. 우리는 앞으로 직면할 예상치 못한 문제와 사회 변화 속에서 유연함을 발휘하여, 직관과 경험, 창의력을 결합한 자기만의 문제 해결 방식을 만들어 가야 한다. 이러한 인간의 유연성은 어떤 기계나 AI도 흉내 낼 수 없는 소중한 능력이다.

AI의 한계: 예측 불가능한 상황에서의 취약성

AI는 엄청난 계산 능력과 데이터를 바탕으로 다양한 문제를 해결한다. 물론 AI는 뛰어난 기술이지만, 예상하지 못한 상황에서 쉽게 오류를 일으키고 취약해지는 모습을 보인다. 그 이유로는 AI가 기본적으로 과거 데이터에 기반을 두고 학습하고 판단하는 시스템이기 때문이다.

AI는 과거에 수집된 정보를 토대로 미래를 예측하거

나 문제를 해결한다. 만약 데이터가 부족하거나 전례 없는 상황이 발생하면, AI는 주어진 데이터로 답을 만들어야 한다. 먼저 자율주행차를 생각해 볼 수 있다. 자율주행차는 엄청난 양의 도로 데이터와 상황별 시나리오를 학습해 스스로 운전하도록 설계되었다. 그러나 실제 도로에서는 예측할 수 없는 상황이 발생한다. 갑자기 길을 건너는 야생 동물이나, 도로 위의 싱크홀, 폭설이나 폭풍우처럼 날씨 변화로 인한 시야 제한 등은 AI에게는 도전적인 과제다.

실제로 테슬라의 자율주행차가 하얀색 트럭을 햇빛으로 잘못 인식하고 그대로 충돌한 사례가 있다. 그리고 자율주행차가 복잡한 도심에서 안전을 위해 보수적으로 주행하고 지나치게 양보하면서 교통 흐름을 방해한 사례도 있다. 이는 AI가 학습한 데이터에 포함되지 않은 예외적 상황에 임기응변하지 못하고 매뉴얼대로 대응했기 때문이다.

AI의 또 다른 취약점은 갑작스러운 사회 변화에 대응하는 능력이 약하다는 점이다. 코로나19 팬데믹 상황에서 많은 AI 모델이 앞으로의 사회 변화에 대해 제대로 분석·예측하지 못했다. AI가 활용하는 기존 데이터는 정상적인 사회 활동을 주로 반영하고 있었기 때문에, AI는 팬데믹 이후 급변하는 경제 상황이나 개인의 소비 활동이 어떻게 변화할지 정확히 맞히지 못했다. 이는 AI가 아직도 변화무쌍한 현실 환경에서 적응하는 데 한계가 많음을 보여 준다.

반면 인간은 이런 예상치 못한 상황에서 훨씬 더 유연하게 반응하고 해결책을 찾아낸다. 인간은 직관과 경험을 활용해 새로운 문제를 파악하고 빠르게 판단한다. 예를 들어, 좁은 골목이 많은 전통시장에서 갑작스럽게 불이 났을 때 어떤 길로 대피해야 할지, 어떤 행동이 위험한지 직관적으로 판단해 신속하게 대응한다. 인간은 단순 데이터가 아닌 자신의 체험과 느낌, 주변 사람들의 반응까지 복합적으로 고려해 상황을 이해하는 것이다.

인간은 창의적으로 문제를 해결할 수 있는 능력을 가지고 있다. AI가 단순히 과거 사례에서 벗어나지 못하는 반면, 인간은 완전히 새로운 접근 방법을 고안하고 적용할 수 있다. 새로운 상황에서 기존 데이터를 무시하고, 직관에 따라 적절한 행동 계획을 수립하는 경우가 그 예다. 코로나19 기간 동안, 스웨덴의 가구 및 생활용품 판매 기업 이케아(IKEA)는 경영자의 직관을 바탕으로 집콕 트렌드를 빠르게 반영해 홈오피스 가구와 DIY 제품을 강조한 판매 전략을 펼쳐 큰 성공을 거뒀다. 또 한 외

식업체는 배달 수요 증가를 직감하고 배달 전용 메뉴를 기획해 매출을 유지했다.

AI는 이런 창의적 판단보다는 데이터에 기반을 둔 규칙적인 방식을 따르기 때문에 급변하는 현실에서 순간순간 최적의 선택지를 탐색하는 데 한계가 있다. 그리고 AI는 감정과 사회적 맥락을 이해하지 못한다. 복잡한 인간관계나 심리 상태를 바탕으로 한 결정은 AI가 따라가기 어렵다.

예를 들어, 상담 치유나 협상 과정에서 발생하는 미묘한 감정 변화를 AI가 정확히 판단하는 것은 현실적으로 불가능하다. 이런 결정을 내릴 때 인간은 상대방의 눈빛, 표정, 목소리 톤 등 다양한 비언어적 정보를 직관적으로 해석해 반응하며, 유연하게 답변을 바꾸거나 상황에 맞는 행동을 선택한다. 반면 AI는 아직 이런 비언어적 정보를 정확히 이해하거나 상황에 맞게 응답하는 데 한계가 있다. 이처럼 AI는 뛰어난 계산력과 방대한 데이터 분석 능력을 지니지만, 예측 불가능하고 복잡한 현실에서는 여러 취약성을 보인다.

실제 세계는 완벽하게 데이터를 수집하거나 예측하기 어려운 다양한 변수와 상황들로 가득 차 있다. 따라서 AI가 처음부터 완벽하고 모든 상황에 대응할 수 있으리라 기대하는 것은 무리다.

AI는 명확하고 반복적인 작업에 탁월하지만, 예측 불가능한 복잡한 문제에서는 아직 인간의 직관과 유연성에 미치지 못한다. 앞으로 AI 기술이 발전하더라도 이러한 한계는 쉽게 극복되지 않을 것으로 보인다. 그래서 우리는 AI를 도구로 활용하되, 인간의 판단과 감성을 존중하며 협력하는 방향으로 나아가야 한다.

인간은 AI가 처리하기 어려운 상황에서 창의적으로 문제를 해결하고 적응하는 능력을 발휘하고, AI는 인간이 놓치는 세부 데이터를 분석하고 반복 작업을 수행하며 상호 보완적 역할을 하는 것이 바람직하다.

인간과 AI가 함께 만드는 적응과 혁신

미래 사회는 인간과 AI가 함께 협력해 문제를 해결하고 가치를 창출하는 새로운 가능성의 시대다. 인간은 뛰어난 유연성과 창의력을 지니고 있으며, AI는 정확한 계산력과 방대한 데이터를 처리하는 능력을 가지고 있다. 이 두 가지 강점을 결합하면 예측하기 어려운 불확실한 상황에서도 높은 효율성과 혁신적인 해결책을 만들어 낼 수 있다. 인간만의 직관과 감성만을 강조하며 AI를 배제한 채 미래의 불확실한 상황을 돌파하려는 것은 무모한 발상이다.

인간과 AI가 각각 자신의 강점을 발휘하며 상호 보완적으로 작용하는 예를 생각해 보자. 농업 분야에서 AI는 드론, 카메라, 대기 센서 등으로 토양 상태와 작물의 건강을 실시간으로 분석한다. 그리고 적절한 파종 시기나 비료 사용량을 추천해 준다. 그러나 지역의 기후, 농작물의 특성, 농장의 경제적 여건을 종합적으로 고려해 최종 결정을 내리는 것은 농부의 몫이다. 이러한 협력은 농업 생산성을 높이고 자원 사용을 최적화하는 방식이다.

또 다른 사례는 기후변화 대응이다. 기후 모델링은 복잡한 변수와 방대한 데이터를 다루는 작업이다. AI는 이 복잡한 데이터를 탐색하고 패턴을 찾아내는 데 탁월하다. 하지만 기후 정책을 수립하고 사회적 합의를 이끌어내는 등 인간의 정책적 판단과 리더십은 필수다. 정책 결정자들은 AI가 제시한 과학적 분석을 바탕으로 사회·경제적 상황과 윤리적 측면을 종합적으로 고려해 대응책을 마련한다. 이런 작업에서 AI와 인간의 협력은 지속가능한 미래를 만드는 데 중요한 역할을 한다.

산업 현장에서도 인간과 AI의 협력이 활발하다. 제조업에서는 AI가 생산 공정을 모니터링하고 이상 징후를 감지해 문제를 사전에 예방한다. 그리고 현장에 있는 근로자들은 숙련된 생산방식으로 품질을 유지하고 작업 프로세스를 끊임없이 개선해 나간다. 이렇게 AI가 데이터에 기반을 두고 문제를 해결하는 동안 인간은 현장의 복잡한 환경에 맞춰 중요한 결단을 내린다.

금융 분야도 인간과 AI의 협력이 극대화되는 영역이다. AI는 시장 데이터를 분석해 투자 기회를 탐색하고 위험을 평가하는 데 탁월하지만, 경제 환경의 변화나 새롭게 발생한 사회 이슈 등으로 참고할 만한 데이터가 충분히 확보되지 못한 경우 인간 투자자의 통찰과 경험이 중요하다. AI가 제공하는 정보는 인간의 전략적 판단을 뒷받침하는 중요한 도구이며, 인간은 이런 도구를 활용해 더 나은 결정을 내린다.

불확실성이 높은 위기 상황에서는 인간과 AI의 협력이 빛을 발한다. 예를 들어, 자연재해가 발생했을 때, AI는 위성 사진과 센서 데이터를 분석해 빠르게 피해 지역을 파악하고 구조에 필요한 정보를 제공한다. 재해 상황실에서는 AI가 분석한 정보를 바탕으로 가용 자원의 투입과 방식을 결정하고, 상황에 맞게 '임기응변'하며 피해를 줄인다. 이 과정에서 AI의 속도와 인간의 유연성이 만나 최적화된 문제 해결 방안이 만들어진다.

AI는 일상생활 속 다양한 영역에서 인간의 결정을 돕

는 조력자로 자리 잡고 있다. 스마트홈 시스템은 이용자의 생활 패턴을 학습해 에너지 소비를 최적화하고 편리함을 제공한다. 하지만 이용자의 취향과 기분, 그리고 환경 변화를 이해하고 이에 맞춰 시스템을 조정하는 것은 인간의 섬세한 판단이 필요하다. 이처럼 AI는 계산과 분석에 집중하고 인간은 감성과 문화, 상황에 맞춘 판단을 내리면서 협력하는 것이 적절하다. 이 과정에서 중요한 점은 양측의 역할과 특징을 이해하는 것이다.

결국 미래의 적응과 혁신은 단순히 AI 기술의 발전에만 의존하는 것이 아니라, 인간과 AI가 함께 성장하고 협력하는 데서 시작된다. 앞으로 펼쳐질 미래 사회에서 이러한 협력의 중요성을 이해하고, 인간의 유연성과 창의성을 발휘하는 동시에 AI 기술을 적절하게 활용해야 한다. 이를 통해 우리는 불확실한 상황을 극복하고 가치 있는 결과를 만들어 갈 수 있다. 미래는 인간과 AI가 서로의 강점을 살려 협력하며, 적응과 혁신을 이루는 시대가 될 것이다.

참고문헌

연합뉴스(2025.2.24). “인공지능, 추론엔 여전히 약점… 인간 사고·추론 대체 못해”.

https://www.yna.co.kr/view/AKR20250224037600017
한국경제신문(2022.4.14). "인간이 인공지능을 이기는 방법".
https://www.hankyung.com/article/202204145876Q
AI타임스(2025.6.22). "통계학적 접근의 머신러닝이 발전한 배경 – 머신러닝 전성시대(상)".
https://www.aitimes.com/news/articleView.html?idxno=171538
ZDnet Korea(2025.3.12). "HR에서 AI가 실패하는 순간들".
https://zdnet.co.kr/view/?no=20250312091957
MIT News(2024.11.5). Despite its impressive output, generative AI doesn't have a coherent understanding of the world.
https://news.mit.edu/2024/generative-ai-lacks-coherent-world-understanding-1105
The Guardian(2025.6.17). How AI pales in the face of human intelligence and ingenuity.
https://www.theguardian.com/technology/2025/jun/17/how-ai-pales-in-the-face-of-human-intelligence-and-ingenuity

07
AI가 흉내 낼 수 없는 인간관계

인간관계의 핵심은 이해와 공감, 신뢰에 있다. 인간은 서로의 감정을 깊이 이해하고 공감하며 관계를 발전시킨다. 반면 AI는 상대방을 이해하는 것처럼 연기하며, 교류가 길어질수록 연기는 부자연스러워진다. 이러한 방식은 진정한 공감과 신뢰 형성에 한계가 있다. 미래에는 AI가 인간관계를 보조하지만, 감정적 유대와 따뜻한 소통은 인간만의 고유한 영역으로 남는다.

AI와 윤동주?

인간관계의 본질: 이해와 공감의 힘

인간관계의 본질은 이해와 공감, 그리고 그로부터 생겨나는 신뢰에 있다. 이해는 서로 연결되는 가장 근본적인 요소로, 우리는 기쁨, 슬픔, 분노, 두려움 등 다양한 감정 상태를 서로에게 느끼고 표현하면서 관계를 형성한다. 이러한 감정은 단순히 느낌에 그치지 않고 상대방의 경험을 나누고 이해하는 공감으로 확장된다.

공감은 상대방의 감정을 진심으로 이해하고 그 고통이나 기쁨에 마음을 같이하는 능력이다. 이런 공감이 있을 때 사람들은 서로를 신뢰하고, 깊은 인간관계를 유지할 수 있게 된다. 신뢰는 관계의 토대가 되며, 믿음과 의지의 근간이 된다. 예를 들어, 가족 간의 깊은 신뢰는 서로를 지지하고 보호하는 역할을 한다. 친구 사이에서도 서로의 감정을 공감하고 신뢰가 쌓일 때 진정한 우정이 형성된다.

연인 관계 역시 서로의 감정을 공유하고, 이해하며 신뢰를 구축하는 과정에서 더 견고해진다. 인간관계에서 감정과 공감, 신뢰는 단순한 정보 전달이나 의사소통을 넘어 심리적 유대감과 편안함을 제공한다. 우리는 인간관계 속에서 자신을 발견하고 성장하며, 어려운 상황을 함께 이겨낼 힘을 얻는다.

반면 AI는 이러한 인간관계를 실제로 경험할 수 없다. AI는 데이터를 처리하고 규칙을 따르는 시스템이기 때문에 어느 한 상황에 대해서 감정으로 느끼기보다는 주어진 정보를 판단하고 분석한다. 예를 들어, AI 챗봇은 특정 언어 패턴이나 표정을 분석해 감정이 있는 것처럼 보이게 할 수 있지만 실제로는 단지 프로그래밍된 반응을 수행할 뿐이다. 인간은 상대방의 미묘한 감정 변화, 표정, 목소리 톤, 몸짓 같은 비언어적 신호까지 종합적으로 해석해 공감하지만, AI는 공감한다기보다 판단한다.

인간은 친구나 연인, 가족과 함께한 지난날의 추억과 기억을 바탕으로 공감 능력을 발휘한다. 그러나 AI는 입력된 데이터와 알고리즘을 바탕으로 공감하는척 '연기'하기 때문에 상황의 맥락이나 상대방의 정서적 깊이를 완벽히 이해하지 못한다. 이러한 한계는 AI가 제공하는 대화나 서비스가 때로는 기계적이고 어색하게 느껴지는 이유다. 예를 들어, AI가 상담 서비스를 제공한다고 하더라도 진정으로 상대방의 아픔을 느끼고 위로하는 능력은 부족하다.

오랫동안 인연을 맺은 동네 병원의 의사 선생님은 환자의 만성질환, 가족 내력, 직업이나 취미 등 소소한 대화까지 나누며 환자의 상황을 이해하고 있다. 그러나 AI

는 주어진 데이터에서 찾은 병명을 제시할 뿐이다. 이런 점에서 인간관계 속에 깊이 자리 잡은 감정과 공감 신뢰는 AI가 아직 흉내 낼 수 없는 본질적인 요소다. 그뿐만 아니라 인간관계는 예측할 수 없는 다양한 상황과 감정의 교류로 이루어진다. 갈등이나 오해가 생길 때에 사람들은 서로의 입장을 듣고 조율하며 신뢰를 회복한다. 흔히 하는 표현으로 "싸우면서 정 든다"는 말이 있다.

AI는 정형화된 알고리즘에 따라 움직이기 때문에 이런 섬세한 대인관계의 미묘함을 따라 하기 어렵다. 게다가 인간관계는 단순히 감정을 나누는 것을 넘어 서로를 이해하고 성장시키는 과정이다. 학창 시절에는 가장 친한 단짝 친구와 고민을 나누며 자기 스스로를 새롭게 발견하는 일이 있다. 인간의 감정과 공감은 개인과 관계 모두에 긍정적인 변화를 일으킨다. AI는 이런 정서적 성장과 변화를 인간처럼 하기에는 아직 더 연구가 필요하다.

인간관계에서도 신뢰를 쌓는 데는 시간이 필요하다. 꾸준한 소통과 경험을 공유하면서 사람들은 신뢰를 쌓아 간다. AI는 즉각적이고 일관된 반응을 제공할 수는 있지만, 시간이 지나면서 상대방을 이해하고 변화하는 모습을 보는 것, 그리고 그 과정에서 신뢰가 깊어지는 것은 할 수 없다. 이런 맥락에서 보면 인간관계의 본질인 감정과 공감, 신뢰는 단순히 계산이나 데이터 처리만으로 재현될 수 없는 심리적이고 사회적 현상임이 분명하다.

그러나 AI가 인간관계에 전혀 도움이 되지 않는 것은 아니다. 감정 분석이나 의사소통 보조, 자료 정리 등 다양한 분야에서 AI는 여전히 유용하게 활용될 수 있다. 다만 AI가 인간의 감정을 온전히 느끼기 힘들고, 깊은 공감을 할 수 없다는 점은 인식해야 한다.

인간은 개개인이 지닌 감성과 선호도 또는 끌림 등을 바탕으로 타인과 관계를 맺고 성장한다. 인간의 감정과 공감 능력은 매우 특별한 자산이며, 이 점이 바로 인간관계에서 AI가 대체할 수 없는 이유라고 할 수 있다.

AI의 한계: 흉내 내는 관계와 진짜 관계의 차이

AI가 제공하는 대화와 소통의 방식은 매우 발전했지만, 그것이 본질적으로 인간이 경험하는 소통 방식과 같다고 할 수는 없다. AI는 사람의 말투를 따르고, 문맥을 이해하며 질문에 대답하거나 감정을 표현하는 것처럼 반응한다. 예를 들어, 챗봇이나 AI 에이전트는 우리가 하는 말을 인식하고 적절히 반응해 때로는 친구처럼 이야기할 수 있다. 인간이 외로울 때 AI와 대화하며 위로를 받는 경우도 있다.

AI는 사전에 프로그래밍된 정보와 데이터, 언어 모델을 기반으로 작동하기 때문에 빠르고 정확한 답변을 제공하고, 복잡한 정보도 쉽고 빠르게 처리한다. 이런 점에서 AI가 제공하는 대화는 일상생활에서 여러모로 도움을 준다.

사람은 대화로 상대방의 비언어적 신호, 목소리의 떨림, 표정, 심지어 숨소리까지 느끼며 상대방의 진심을 이해하려 한다. 이러한 요소들이 지금까지 개발된 AI가 따라가기 어려운 부분이다. 예를 들어, 친구와의 대화에서 상대방이 슬퍼하고 있을 때, 친구는 말뿐만 아니라 몸짓, 눈빛, 침묵까지 파악해 그 마음을 헤아린다. 이런 감정적 교류는 신뢰를 쌓고 관계를 깊게 만드는 핵심이다. 그러나 AI는 이런 미묘한 감정의 신호를 완전하게 읽거나 이해하지 못한다.

인간관계에서는 지인이 어려운 처지에 놓였을 때 서로 돕고 배려한다. 어떤 친구가 힘든 상황에 있을 때 시간을 내서 만나주거나, 애써 위로하며 도움을 주는 행동은 마음에서 비롯된 것이다. 텍스트나 음성과 같은 전자적 신호로 소통하는 AI는 그러한 진정한 이타심이나 배려심을 느끼거나 표현할 수 없다. AI의 서비스는 사전에 프로그래밍된 규칙과 반복 학습한 데이터에 기반을 두므로, 겉으로 보기에는 친절해도 실제로는 감정을 가진 것이 아니기 때문이다.

또 하나 중요한 차이는 '의도'와 '자발성'이다. 인간관계에서는 상대방이 나에게 다가오는 의도가 담겨 있고, 서로가 좋은 관계를 유지하려는 노력이 있다. 이런 관계는 시간과 경험으로 발전하며, 서로에 대한 배려와 신뢰가 쌓인다. 반면 AI는 이용자가 대화를 시작할 때만 반응할 뿐, 스스로 의도를 가지고 누군가와 관계를 맺거나 감정을 나누지는 않는다. 그래서 인간은 AI와 대화할 때 상대가 내 감정을 진심으로 이해하고 공감해 준다고 느끼기 어렵다. 예를 들어, 가족이나 친구와의 대화는 단순한 말의 교환이 아니며, 변덕스러운 감정 상태에 따라 이야기가 흘러가고 감정이 오가면서 서로 간의 깊은 공감이 형성된다. AI는 이런 예측 불가능하고 유동적인 감정 흐름까지 먼저 주도할 수 없다.

인간관계에서는 갈등과 오해도 존재한다. 인간은 때론 다투기도 하지만, 서로의 차이를 인정하며 이를 이해하려는 과정이 관계를 단단하게 만든다. AI는 이런 복잡한 상호작용 과정을 경험할 수 없다. 인간이 AI와 대화할 때는 AI와 다투거나 AI에게 화를 낼 일이 없다. 대부분은 차분한 상태에서 필요한 정보를 요청하며 감정을 표현하지 않는 경우가 많다. 따라서 인간과 인간이 사랑하거나 다투기도 하면서 감정을 조절하고 문제를 극복하는 실질적인 '관계의 발전' 과정이 생략된다. 그래서 AI와 대화하는 경험은 때로는 공허하거나 일방적으로 느껴진다. 이런 점에서 AI와 사람이 맺는 '관계'는 인간이 경험하는 깊이 있는 유대와는 본질적으로 다르다.

AI가 지치지 않고 항상 대화에 응하는 것은 장점이다. 하지만 이러한 경험도 기존 인간관계에서 얻는 감정적 만족과는 구별되어야 한다. AI는 편리하고 빠른 도구로서 유용하지만, 인간이 AI에게 감정적으로 만족하는 것은 편리한 기술이기 때문이다. 즉 AI는 대화의 표면적 부분만을 담당할 뿐 인간이 스스로 만들어 가는 진정한 관계의 본질을 대체할 수 없다는 점을 기억해야 한다. AI가 흉내 내는 대화와 현실 속 인간관계의 차이를 이해하면서, 앞으로 자신의 인간관계를 소중하게 가꾸어 나가는 것이 중요하다. 인간 본연의 따뜻한 소통과 진실된 유대감이야말로 AI 시대에서도 변하지 않는 소중한 가치다.

AI와 인간의 공존 관계

앞으로의 사회는 인간과 AI가 함께 공존하며 소통 방식도 달라질 것이다. AI는 인간의 관계를 대체하기보다는 편리한 방향으로 보조하며, 더 풍부하고 다양한 소통 방식을 제공하는 역할을 할 것이다. AI가 보조하는 인간관계의 긍정적인 가능성은 이미 여러 영역에서 나타나고 있다. 예를 들어, 소셜 미디어에서 AI가 이용자의 관심사와 취향을 분석해 맞춤형 콘텐츠를 추천하고, 대화를 돕는 챗봇이 사람 간의 소통을 돕는다. 이렇게 AI는 사람들 사이의 연결을 확장하고, 때로는 디지털 환경으로부터 소외된 사람들까지 포용하는 통로 역할을 한다.

실제로 사회적 고립감을 느끼는 사람들이 AI와 대화를 나누며 위안을 얻는 사례도 증가하고 있다. 이는 AI가 인간의 정서적 교류를 완전히 대체할 수는 없지만, 일정 부분을 보완할 수 있음을 의미한다. 비즈니스 분야에서 AI가 화상회의나 이메일 소통에서 언어 통역과 회의 요약 기능을 제공해 언어의 장벽을 낮추고 업무 효율을 높인다. 이를 통해 다양한 나라와 문화의 사람들이 더욱 원활하게 협력하고 소통할 수 있게 된다. AI는 이렇게 복잡한 정보를 효율적으로 관리하며 인간 사이의 이해를 돕는 중요한 조력자로 떠오르고 있다.

그러나 AI와 함께 발전하는 인간관계에는 몇 가지 방향성과 과제가 존재한다.

첫째, 인간의 감성과 공감을 해치지 않도록 AI를 설계하는 것이 중요하다. AI는 기능적으로는 효율적인 소통을 돕지만, 인간이 가진 감정의 미묘함과 깊이를 완전하게 이해하거나 표현하지 못한다. 따라서 AI를 도구로 활용할 때는 인간의 감정 표현과 관계 형성 과정까지 지나치게 AI에 의존해서는 안 된다. 예를 들어, 상담 분야에서 AI가 기본적인 대화를 지원하더라도, 감정적 공감과 위로에 관해서는 상담사를 거치는 것이 바람직하다.

둘째, 개인정보 보호와 윤리적 문제를 해결해야 한다. AI가 인간관계에서 많은 데이터를 수집하고 분석하는 만큼, 개인의 사생활이 침해받지 않도록 엄격한 기준이 필요하다. 다양한 AI 기술이 활용되는 사회에서 각 개인의 정보가 안전하게 보호되어야 신뢰할 수 있는 관계가 유지될 수 있다.

셋째, AI가 인간과의 관계에서 편향이나 차별 없이 공정하게 작동하도록 하는 것이 중요하다. AI는 분석하는 데이터의 양과 질에 따라 결과도 달라진다. 따라서 AI가 활용하는 데이터가 충분하고 적절한지에 대해서 항상 점검이 뒤따라야 한다. 이러한 과제들은 AI와 인간이 함께 소통하며 관계를 발전시키는 데 필수 부분이다.

미래 사회에서는 AI가 인간관계의 새로운 형태를 창조하는 데 중요한 역할을 할 것이다. AI가 멀리 떨어져

지내는 가족이나 친구들이 더욱 쉽게 연락할 수 있도록 돕고, 자연스럽고 즐거운 대화 주제를 제시할 수 있다.

인간과 AI가 공존하는 미래에서는 소통방식도 다양해질 것이다. 단순히 음성 대화나 문자 메시지를 넘어서, VR(가상현실)과 AR(증강현실)을 활용한 몰입형 소통이 흔해질 수 있다. AI는 이 과정에서 이용자에게 필요한 맞춤형 경험을 제공하고, 소통의 즐거움을 선사할 것이다. 그러나 이때에도 기술이 인간 본연의 따뜻함과 진실성을 해치지 않도록 세심한 주의가 필요하다. 결국 미래의 인간관계는 AI의 소통 능력을 활용하면서도 인간 고유의 감정과 공감 능력을 중심에 두는 균형점에서 발전해 나가야 한다. 이는 단순한 기술적 진보를 넘어 인간다운 삶의 질을 높이는 방향으로 나아가는 것이다.

앞으로 AI가 우리의 소통 방식을 어떻게 변화시키고 보조할지 관심을 가지고 지켜봐야 한다. 동시에 우리 인간관계의 본질도 성찰해야 한다. AI와 함께 성장하고 협력하면서 따뜻하고 진솔한 인간관계를 유지하는 것이 중요하다. 인간과 AI가 서로를 보완하면서 만들어 가는 새로운 소통 방식은 지금보다 더 풍요롭고 다양한 인간관계를 가능하게 할 것이다.

참고문헌

동아사이언스(2025.4.14). "'극단적 선택' 조언하는 AI… 윤리문제 현실화". https://m.dongascience.com/news.php?idx=71047

박보람(2025). "인공지능과 인간의 감정적 소통 가능성-기계공학, 신경과학, 진화론적 관점에서의 탐구-". 《인공지능윤리연구》, 4(1).

에이블뉴스(2025.4.28). "공감해주는 대화형 AI 시대, 널리 인간에 이로울까". https://www.ablenews.co.kr/news/articleView.html?idxno=220850

인천투데이(2025.5.3). "AI가 일을 대신할 순 있어도 관계를 대신할 순 없어". https://www.incheontoday.com/news/articleView.html?idxno=301742

닛케이 편집국(2018). 《AI 2045; 신인가 악마인가 당신의 직업은 어떻게 변할까?》. 日本経済新聞

08
용기와 도전, 실패를 기회로 삼는 인간

인간은 실패와 두려움 속에서도 도전과 끈기로 한계를 극복하며 발전해 왔다. 학자, 예술가, 모험가, 기업가, 운동선수 등 직관, 경험, 창의력, 열정이 결합된 그들의 도전 정신은 역사적 성취와 혁신을 이끌었다. AI가 흉내 낼 수 없는 이 끈기와 용기는 개인과 사회의 성장, 새로운 가치 창출의 원동력이다.

AI와 한의학?

한계를 넘어서려는 인간의 끈기

학창 시절 보았던 "안 되면 될 때까지"라는 교훈이 있다. 인류가 7전 8기의 도전정신으로 위험을 무릅쓰고 달 착륙에 성공한 역사적 순간도 있다. 이처럼 인간의 용기와 도전은 변화를 이끄는 원동력이자, 미래를 개척하는 데 필수 요소다.

세상은 끊임없이 변하며, 그 과정에서 새로운 문제와 상황이 끊임없이 발생한다. 자연재해와 같은 위기 상황에서도 인간은 당황하기보다 침착하게 대응하며 해결책을 찾는다. 이러한 능력은 단순히 생존 본능을 넘어, 변화 속에서 자신의 한계를 뛰어넘으려는 도전 정신을 보여 준다. 예를 들어, 재난 상황에서 시민들이 신속히 대피하거나 응급 환자를 돕는 모습은 인간의 용기와 본능을 잘 보여 준다.

인간의 용기와 도전은 직관, 경험, 창의력과 긴밀히 연결되어 있다. 직관은 수많은 경험 속에서 축적된 무의식적인 판단력으로, 복잡한 문제를 해결하는 데 도움을 준다. 운동선수가 순간적인 판단을 하고, 기회로 보이는 상황에서 초집중해 좋은 결과를 내는 것은 직관에 기초한 것이다.

경험은 도전과 성공을 위한 귀중한 재료다. 과거의 실

패와 성공 경험은 유사한 문제를 해결하는 데 중요한 단서를 제공한다. 학생이 어려운 수학 문제를 풀 때 이전의 학습 경험을 활용하는 것처럼, 인간은 경험으로 끊임없이 학습하고 도전할 방법을 개선해 나간다.

용기와 도전은 창의력으로 빛을 발한다. 창의력은 기존의 틀을 넘어 새로운 해결책을 제시하는 능력이다. 백열전구를 발명한 토머스 에디슨(Thomas Edison)은 당시 쓰이던 아크등의 화재 위험을 해결하고자 안전하고 편리한 조명을 만들고자 했다. 그리고 수많은 실패를 거듭하면서도 포기하지 않았던 그는 실패를 두려워하지 않는 도전 정신과 창의력이 결합된 대표적인 사례다. 그는 실패를 두려워하지 않는 용기와 도전 정신을 바탕으로 고민과 연구를 거듭한 결과 인류에게 혁신적인 발명품을 선물했다. 이러한 도전 의식은 AI나 로봇에게는 찾아보기 어렵다.

코로나19 팬데믹과 같은 전례 없는 상황 속에서도 인간의 도전은 멈추지 않았다. 경기 침체로 인한 위기 상황을 돌파하기 위해 기업가들은 온라인 판매로 전환이나 새로운 제품 개발에 나섰다. 이러한 결정은 단순히 데이터 분석에만 의존한 것이 아니다. 이전과 다르게 변화된 시장의 흐름을 직관적으로 파악하고, 창의적인 전략을 구상하며 위기를 기회로 바꾸는 도전 정신이 있었기에 가능한 일이었다.

결국 인간의 용기와 도전은 고정된 틀을 깨고 변화에 적응하며 새로운 가치를 창출하는 힘이다. 예측할 수 없는 미래 사회에서 인간은 AI가 대체할 수 없는 직관과 창의력을 바탕으로 복잡한 문제를 해결하며 혁신을 이끌 것이다. 이는 단순히 개인의 생존 전략을 넘어, 사회 전체가 성장하고 발전하는 데 없어서는 안 될 필수 요소다. 앞으로도 인류는 끊임없이 도전하며 변화 속에서 빛나는 가능성을 만들어 낼 것이다.

장인 정신

장인 정신은 인간만이 가진 독특한 자질로서 끝없는 개선과 완벽을 추구하는 고집 내지는 끈기와 세밀함에서 비롯된다. 장인은 단순히 어떤 물건이나 상품을 만드는 사람이 아니라, 자신의 일에 깊은 열정과 책임감을 가지고 끊임없이 더 나은 결과물을 만들어 내는 사람이다. 이 과정에는 남다른 집중력과 인내가 필요하며, 작은 부분까지 세심하게 신경 쓰는 자세가 필수다. 예술가가 그림 한 점을 완성할 때 무수한 붓질과 색상 조합을 고민하는 모습을 떠올려 보자. 이는 단순히 형태를 재현하는 것이 아니라, 자신의 감정과 철학을 담아내는 데 무한한 정성을 기울인다.

이런 깊이는 AI가 모방하기 매우 어려운 부분이다. AI는 주어진 데이터를 빠르게 분석하고 패턴을 찾아내는 데 뛰어나지만, 그것을 넘어 '정성'이나 '의미'를 담아내는 일은 하지 못한다. 도예가는 섬세한 손길로 흙을 예술로 빚어낸다. 여기에 장인의 정성과 감성이 담긴다. 흙의 촉감, 도구의 활용, 수분, 온도 변화까지 체감하며 조금씩 수정해 가는 과정에서 작품의 독특한 아름다움과 개성이 만들어진다. AI는 대중이 원하는 재료를 분석하고 디자인을 제안할 수 있지만, 장인이 직접 손으로 느끼고 표현하는 감각과 정성을 쉽사리 따라 할 수 없다.

음악 분야에서도 마찬가지다. 음악가는 악기를 다루는 기술뿐 아니라, 곡에 담긴 감정과 이야기를 청중에게 전하기 위해 반복적으로 연습하며 완성도를 높인다. 작곡가 역시 단순한 음표의 나열 이상으로 자신의 경험과 감정을 멜로디와 리듬에 녹여 낸다. AI도 작곡할 수 있지만, 그것은 방대한 음악 데이터를 조합해 생성하는 패턴에 불과하다. 감정의 깊이와 인간 내면의 복잡한 표현을 담는 데는 한계가 있기 때문에, AI가 창작한 음악은 흔히 기계적이거나 감동이 떨어진다는 평가를 받는다.

기술 분야에서도 장인 정신은 중요한 가치로 여겨진다. 예를 들어, 고급 시계 제작자는 미세한 부품 하나하나를 손수 조립하고 검사하는 데 긴 시간을 투자한다. 이 과정에서 발생하는 작은 오차와 결함을 찾아내기 위해 세심한 관찰력과 경험이 필요하다. AI나 자동화 시스템이 빠르고 정확하게 생산 공정을 돕지만, 최종 조립과 품질 확인 단계에서 장인의 손길은 여전히 중요하다. 이는 단순히 기능적 완성도를 넘어 '명품'이 갖춰야 할 가치와 품격을 결정하는 핵심 요소다.

장인 정신의 핵심 중 하나는 '끈기'다. 완벽을 향한 길은 결코 쉽지 않으며, 수많은 시행착오와 실패를 견뎌야 가능하다. 수많은 반복 작업과 미세한 수정 없이 완성도 높은 작품이나 제품이 나오기 힘들다. 인간은 이 과정에서 좌절하지 않고 오히려 실패를 교훈으로 삼는다.

AI는 발생한 문제를 주어진 데이터를 활용해 수정하고 개선하지만, 인간은 문제 해결을 위해 끈기와 인내와 같은 감정적·심리적 요소를 활용한다. 소설가가 한 문장 한 문장을 다시 쓰고 다듬는 노력, 화가가 완벽한 색감을 위해 수백 번 덧칠하는 과정은 AI가 단순히 데이터와 알고리즘으로 흉내 낼 수 없는 정성과 경험이다.

더욱이 장인 정신은 '의미 부여'와도 깊이 연결된다.

인간은 자신이 만든 작품이나 제품에 자신의 삶의 일부, 가치관, 철학을 담아내고자 한다. 이는 단순한 기능 수행이나 생산 이상의 가치를 창출하며, 작품이 보는 이에게 감동과 메시지를 전달하는 근거가 된다. 그래서 인간이 만들어 낸 예술이나 기술 작품은 단순한 물건이 아니라 '인간의 흔적'과 '정서'가 담긴 독특한 산물이 된다.

우리는 장인 정신으로 인간만이 가진 뛰어난 능력과 가치가 무엇인지 생각해 볼 필요가 있다. AI가 아무리 발전해도 인간의 세밀함과 끈기, 그리고 내면의 열정을 완전히 대체하기는 어렵다. 오히려 AI를 활용하면서도 이러한 인간다운 방식을 발전시키고 이어 나가는 것이 더욱 필요하다. 우리가 만든 작품과 기술에 담긴 정성과 의미, 그리고 그로 인해 전해지는 감동이야말로 미래 사회에서 인간의 가치를 빛나게 해 준다. 따라서 장인 정신은 시대를 초월한 인간의 힘이며, AI 시대에도 변함없이 빛나는 인간다움의 상징이라고 할 수 있다.

두려움 속에서 역사를 바꾼 용기 있는 도전

용기는 인간의 삶에서 매우 중요한 가치다. 특히 두려움과 불확실성이 가득한 상황 속에서도 앞으로 나아가는 힘으로 작용한다. AI는 실패, 좌절 같은 두려운 감정 없이 작동한다. 그러나 인간은 실패라는 두려움, 불확실하고 위험한 상황에서도 직관과 신념을 믿고 용기 있는 결정을 내린다. 그 결과 인류의 역사를 바꿀 정도의 위업도 나온다. 이 점이 인간과 AI를 구분하는 중요한 차이다.

인간은 미래를 완벽하게 예측할 수 없는 상황에서 불확실성을 감내하며, 그 속에서 전진하는 용기를 발휘한다. 이러한 용기 없이는 우주 개척이나 신대륙의 발견도 불가능했을 것이다. 역사를 살펴보면 용기 있는 선택들이 우리 인류사를 바꾸어 놓은 사례가 여럿 있다.

인도의 독립운동을 이끈 마하트마 간디(Mahatma Gandhi)는 영국의 식민지 지배라는 거대한 권력 앞에서 비폭력 저항이라는 길을 택했다. 그의 결정은 단순한 계산이나 예측에 근거한 것이 아니라, 불확실한 미래를 향한 강한 신념과 용기에서 비롯되었다. 당시 생명의 위협 같은 두려움 속에서도 간디는 자신의 가치와 원칙을 지키며 끈질기게 싸워 마침내 인도의 독립을 이끌어 냈다. 이 사례는 용기가 시대를 바꾸는 원동력임을 보여 준다.

미국의 루스벨트(Franklin Roosevelt) 대통령 역시 대공황이라는 전대미문의 경제 위기 앞에서 국민들에게 "우리가 두려워해야 할 것은 두려움 그 자체"라고 강조하며 강력한 리더십과 용기를 발휘했다. 루스벨트는 두려움에 사로잡혀 움츠러들기보다는 미래를 향해 나아가야 할 필요성을 인식했고, 실천에 나섰다. 그의 용기 있는 결정과 행동은 미국을 경제 대공황에서 벗어나고, 결국 세계 초강대국으로 성장하게 하는 발판이 되었다. 이런 역사적인 사건들은 인간이 두려움 속에서도 어떻게 용기 있게 행동하는지 보여 준다.

과학계에서도 용기가 혁신을 이끌었다. 갈릴레오 갈릴레이(Galileo Galilei)가 지동설을 주장했을 때는 교회의 전통 교리와 정면으로 충돌하는 위험한 일이었다. 그는 확고한 신념과 과학적 진실에 대한 용기를 가지고 자신의 주장을 굽히지 않았다. 그 결과 우주와 천체에 대한 인류의 이해가 크게 진전되었고, 과학 혁명의 초석이 되었다. 갈릴레오의 사례는 용기가 새로운 지식과 진리를 발견하는 데 얼마나 중요한 역할을 하는지 보여 준다.

현대 사업가들의 도전 역시 용기의 결정체다. 미국의 스페이스X와 테슬라의 최고경영자(CEO) 일론 머스크(Elon Musk)는 무인 택시, 우주 탐사, 위성 인터넷 스타링크 등 새로운 분야에 과감히 도전했다. 이 분야들은 높은 위험성과 불확실성이 존재하는 첨단 산업이다. 우주 왕복선의 로켓 발사체 재활용 방식은 많은 이들이 시도조차 하지 않는 분야였지만, 그는 꾸준한 도전과 목표를 가지고 사업을 추진해 성공시켰다. 이후 그의 기업은 우주 개척 방식을 새롭게 정의했다. 이 역시 불확실성 속에서 용기 있는 결단과 행동이 어떻게 큰 변화를 만들어 내는지 알 수 있는 사례다.

우리 일상 속 용기 있는 결정을 떠올려 보자. 학창 시절을 되돌아보면 시험이나 진로 선택, 인간관계에서 두려움을 느끼면서도 주저하지 않고 자기만의 길을 선택하는 순간들이 있다. 이러한 일상 속 작은 용기들이 모여 개인의 성장과 발전을 이끈다. 이처럼 용기는 거대한 역사적 사건뿐 아니라, 일상에서 경험하는 작은 선택과 실천 속에서도 중요한 역할을 한다.

AI는 불확실한 상황에서 최선의 계산을 해 내는 데 뛰어나지만, 인간처럼 불확실성을 직감하고 때로는 위험, 불리함을 감수하면서까지 용감한 결정을 내리지는 못한다. 오히려 AI는 답변을 회피하는 경우가 많다. AI의 결정은 데이터와 확률에 근거한 객관적 판단이지만, 인간의 용기는 주관적이며 감정과 신념에 기반을 둔다. 이런 면에서 용기는 인간만이 가진 특별한 힘이며, AI가 따라 할 수 없는 영역이다.

또 한편으로 용기는 미래에 대한 희망과 연결된다. 두려움을 극복하고 도전할 때, 우리는 새로운 가능성과 변화를 마주할 수 있다. 앞서 언급한 역사 속의 인물들은 모두 자신의 행동이 미래를 바꿀 수 있다는 희망을 품고 있었다. 이는 용기와 희망이 함께할 때 더욱 강력한 힘을 발휘한다는 점을 보여 준다.

결국 AI 시대에 인간이 빛날 수 있는 이유도 바로 이런 '용기'에 있다. 불확실한 미래 속에서 인간다움을 지키며, 불안과 공포를 넘어 도전하는 용기야말로 우리 사회를 혁신하고 발전시키는 원동력이 된다. 앞으로도 인간은 두려움을 마주하면서 새로운 길을 개척하고, AI는 인간의 이런 결정을 돕는 도구로서 역할을 할 것이다.

용기는 과학자, 정치인, 예술가, 군인뿐 아니라 초등학생 중학생도 매일 마주하는 삶의 과제다. 두려움 속에서도 한 걸음 내딛는 용기가 곧 미래를 바꾸는 힘임을 기억해야 한다. 인간의 용기와 AI의 분석력이 조화를 이룰 때, 우리는 불확실성을 극복하고 더 나은 세상으로 나아갈 수 있다.

참고문헌

김송규(2025). 《인공지능은 생각하지 않는다: 인공지능에 관한 꼭 알아야 할 오해와 진실》. 좋은습관연구소.

동아일보(2025.3.15). "9개월 우주 미아 귀환시킬 스페이스X 마침내 발사 성공".

https://www.donga.com/news/Inter/article/all/20250315/131211888/1

매일경제신문(2025.5.26). "'인간을 대체할 수는 없다'… 세계적 발명가가 강조한 AI시대의 '창의성'". https://www.mk.co.kr/news/world/11327070

안재현(2024). 《공부만 잘하는 아이는 AI로 대체됩니다》. 카시오페아.

한국경제신문(2025.4.16). "AI와 핸드메이드 사이… MZ 디자이너들이 해석한 장인정신". https://www.hankyung.com/article/202504140956i

09
AI와 협력하는 미래의 직업

AI는 반복적이고 규칙적인 업무, 대규모 데이터 처리, 자동화 분야에서 뛰어난 효율성과 정확성을 보인다. 제조 · 물류 · 고객 서비스 등 다양한 산업에서 생산성을 높이고 비용을 절감한다. 반면 인간은 창의력, 감성, 응급상황 대처 등 AI로 대체하기 어려운 영역을 맡는다. 미래에는 AI와 인간이 협력해 새로운 직업과 가치를 창출하는 시대가 열릴 것이다.

AI와 화장품?

AI가 잘하는 일: 반복과 자동화

AI가 대체 가능한 업무 영역은 주로 단순 반복 작업과 대규모 데이터 처리 분야에 집중되어 있다. 이러한 업무들은 일정한 규칙과 패턴을 따르며, 높은 정확성과 빠른 처리 속도가 중요한 특징을 가진다. AI는 이러한 특성에 맞춰 개발되어 인간에 비해 훨씬 효율적이고 일관성 있게 업무를 수행할 수 있다.

첫째로 AI가 대체할 영역은 트렌드 분석과 확률 계산이 필요한 업무다. 과거에는 사람이 수많은 문서나 정보를 손으로 입력하고 관리해야 했지만, 이제 AI는 자동화 소프트웨어와 결합해 빠르고 정확하게 정보를 처리한다. 예를 들어, 은행이나 보험사에서 고객 정보를 정리하고 분석하는 업무를 AI가 대신해 회사의 전략 수립에 필요한 정보들을 일목요연하게 표시해 준다.

회계 및 재무, 마케팅 관리 업무도 AI가 대체하고 있다. 복잡한 계산과 대규모 데이터 분석을 AI가 자동으로 처리해 오류를 줄이고 분석의 깊이를 더한다. AI는 수많은 거래 내역을 신속하게 검토하고 이상 거래를 감지하는 데도 활용되고 있다. 법률 분야와 의료 분야에서도 AI가 기록을 분석하고 결정을 보조하는 도구로 활용된다.

둘째, AI가 대체할 영역은 단순 또는 반복 노동을 필요로 하는 제조업 분야다. 조립 라인에서 반복적으로 수행되는 작업들은 AI 기반 로봇과 자동화 설비로 빠르게 대체되고 있다. 이런 로봇들은 하루 종일 쉬지 않고 일하며, 무거운 물건을 옮기고 정밀한 부품을 조립하는 데 뛰어난 능력을 가진다. 대표적인 사례로 자율주행차 제조업체 테슬라는 로봇팔로 완전 자동화 생산 비중을 95%까지 높였으며, 용접 작업장의 자동화는 100%에 근접했다. 테슬라는 로봇에게 부품 조립과 용접 작업을 맡기며 생산성을 크게 향상했다.

물류 및 배송 산업에서도 자율주행 차량과 드론이 도입되면서 배달 업무가 자동화되고 있다. 인간이 운전하거나 배송하던 일을 로봇이 대신하며, 시간과 비용을 절약하는 동시에 배송 정확성을 높인다. 아마존의 자동화 물류 창고와 자율주행 배송 차량이 좋은 예다.

셋째로 고객 응대 분야에서 AI의 역할이 두드러진다. 고객 문의나 간단한 문제 해결을 위해 24시간 AI 챗봇이 운영되며, 전통적인 콜센터 직원들이 처리하던 기본적인 업무가 AI로 넘어가고 있다. 이로 인해 고객들은 빠르고 편리한 서비스를 받을 수 있고, 기업은 인건비를 절감하면서 핵심 업무에 인력을 집중하고 있다.

공공 행정과 같은 정부 업무도 자동화의 영향을 받고

있다. 인천공항의 자동 출입국 심사라든지 민원 처리, 서류 심사, 통계 분석 등 반복적인 행정 절차에 AI 시스템이 확대되고 있다. 이런 변화는 공공 서비스의 질을 높이고 행정 비용을 절감하는 데 기여한다.

이처럼 AI는 다양한 분야에서 단순 반복 작업과 방대한 데이터 처리 업무를 정교하게 수행하며 인간의 역할을 대체하거나 보조하고 있다. 이를 통해 기업과 사회는 생산성을 극대화하고 비용을 절감하는 동시에, 인간은 창의적이고 전략적인 업무에 더 집중할 수 있는 환경이 마련되고 있다. 앞으로도 AI 기술이 발전함에 따라 더 많은 업무 영역이 자동화될 것으로 예상된다.

인간 고유의 영역

AI 기술이 빠르게 발전하고 있지만, 인간만이 수행할 수 있는 고유한 영역이 분명히 존재한다. 특히 안전이 요구되는 분야에서는 AI가 완전히 대체하기 어렵다. 재난 구조, 의료 수술, 항공기나 대형 선박의 운항, 국가 비상 상황의 지휘 등이 있다.

생명과 크게 연관이 없는 분야에서도 AI가 인간을 쉽게 대체하지 못하는 분야가 있다. 예를 들면, 무인 커피숍과 무인 점포다. 아직은 인간 바리스타의 손이 필요한 것이다. 기계의 오류가 발생할 때나 매장 환경을 청결히 유지해야 할 때는 관리자가 필요하다. 고객이 요구하는 세심한 맞춤 서비스를 위해서도 사람이 필요하다. 무인화가 기술적으로 가능하더라도, 사회적으로 충분한 신뢰가 쌓이지 않았고, 고객 만족도를 높이고 더 많은 고객을 유치하기 위해서는 인간의 역할이 필요하다.

산업 현장에서도 마찬가지다. AI 기반 감지 시스템이 설비 고장을 미리 파악하지만, 센서가 고장이거나, 데이터로 설명하기 어려운 특수 상황에서 설비를 최적의 상태로 유지하는 판단은 전문가의 경험에 의존한다. AI는 위험 알림 역할을 하는 데 그치며, 최종 조치는 인간 전문가가 결정한다. 따라서 AI가 지원하는 부분과 인간의 최종 결정이 균형을 이루는 구조가 현실적이다.

재난 현장 대응 로봇 역시 AI를 탑재해 자율적으로 움직이지만, 예상치 못한 현장 조건이나 복잡한 상황에서는 인간 구조대원의 신속한 판단과 대응이 중요하다. 급박한 상황에서 신속하고 융통성 있는 대응은 아직 AI가 완전 대체하기 힘든 부분이다.

일상적인 인간관계나 감정 교류도 AI가 쉽게 대체할 수 없는 영역이다. 예컨대 기업의 인재를 매칭해 주거나 소셜 네트워크에서 AI가 사람들을 연결하는 역할을 하긴 하지만, AI는 실제 인간의 감정과 표정 같은 비언어적 신호를 이해하고 공감하지 못하는 한계가 있다. 인간적 소통과 깊은 관계 형성은 AI가 따라오기 어려운 특별한 영역으로 남아 있다.

결론적으로 AI는 반복적이거나 규칙적인 업무, 대용량 데이터 처리에 매우 효율적이다. 하지만 안전과 직결되거나, 예측 불가능한 돌발 상황 대처, 그리고 사회적 합의와 인간적 판단이 요구되는 영역에서는 인간의 역할이 꼭 필요하다. 앞서 논의한 항공기 조종사, 열차 기관사, 현장 기술자, 점포 직원 등 인간이 맡는 분야가 여전히 핵심이다. KTX와 지하철의 무인 운전이 확대되지 않는 이유도 여기에 있다.

AI와 협력하는 미래 직업

AI와 인간이 함께 만드는 새로운 직업의 모습은 이전과는 매우 다를 것이다. AI 기술이 고도화되고 다양해지면서 AI가 더욱 정확한 결과를 내도록 개선하고 관리하는 역할이 필요해졌다. 인간의 창의력과 전문성을 기반으로 AI 모델의 성능을 개선하며, AI는 사람들에게 더욱 유용한 도구로서 역할을 한다.

AI 기술이 개발되면서 AI의 품질을 극대화를 위한 새로운 직업이 생겨났다. 대표적으로 생성형 인공지능 모델이 최상의 결과를 도출하도록 프롬프트(지시, 질문)를 설계하고 최적화하는 프롬프트 엔지니어가 있다. 이 엔지니어는 인간과 AI가 효과적으로 소통할 수 있도록 질문과 명령어를 설계한다. 이 외에도 AI 윤리 전문가(Ethics Officer), AI의 품질, 투명성, 설명 가능성을 높이기 위한 AI QA 엔지니어(Quality Assurance Engineer), 이용자 경험(UX) 디자이너가 있다. 앞으로도 AI와 인간이 협력해 강점을 보완하기 위한 새로운 직업군이 더 늘어날 것이다.

창작 분야에서도 AI와 인간의 협력이 활발하다. 광고 마케팅 업계에서는 AI가 연령대별 소비자 데이터를 분석해 맞춤형 광고를 제작하고, 마케팅 전문가가 AI가 만든 콘텐츠를 전략적으로 선별해 브랜드 이미지를 구축한다. 이 협력 모델은 창의성과 효율성을 동시에 높이며 시장에서 큰 성공을 거두고 있다.

앞으로는 인간과 AI가 공존하며 함께 가능성을 키우는 업무가 주류가 될 것이다. 팀 스포츠에서 AI가 데이터를 분석해 선수에게 조언을 주는 방식도 인간과 AI 협력의 좋은 예다. 감독과 선수는 AI의 자료를 참고해 최적의 전술을 수립하며, 경기장에서는 인간의 직관과 결정이

승패를 좌우한다. 이처럼 AI는 도구로서 인간의 능력을 확장해 주며, 인간은 AI의 결과를 창의적이고 전략적으로 활용하는 역할에 집중한다.

결론적으로 AI와 인간이 함께 만들어 가는 미래는, 인간이 AI의 강점을 이해하고 이를 활용해 자신의 직관, 감정, 경험과 결합해 시너지를 발휘하는 협력의 시대다. 우리는 AI 기술에 대한 이해를 바탕으로, 인간 고유의 능력을 키워 나가며 이 새로운 시대에 적응해 나가야 한다. AI와 인간이 함께 만드는 미래 사회에서는 협력하는 능력이 곧 경쟁력이며, 새로운 기회 창출을 위한 핵심 열쇠가 될 것이다.

참고문헌

국가통계연구원(2024). "인공지능(AI)이 일자리에 미치는 잠재적 영향".

뉴스1(2025.6.23). "AI가 벌써 인간 직업 뺏기 시작… MS·아마존 모두 감원".
https://www.news1.kr/world/usa-canada/5822386

서용석(2025). 《직업의 미래: 대한민국 최고 미래학자가 진망한 일자리 지형도》. 와이즈맵.

시사저널(2025.6.20). "'AI, 누구는 쓰고 누구는 피한다' … 직업 따라 수용 태도 달라".
https://www.sisajournal-e.com/news/articleView.html?idxno=412683

한겨레신문(2024). “AI가 일자리 3억개 대체한다… 그래도 사람 손 필요한 직업은”. https://www.hani.co.kr/arti/international/international_general/1085647.html

BOK이슈노트(2025.2). “AI와 한국경제”. 2025-2. 한국은행

10
AI 시대에 더욱 빛나는 인간다움

기술이 빠르게 발전하는 현대 사회에서 AI는 우리 삶의 많은 부분을 변화시키고 있다. 하지만 AI가 아무리 똑똑해지고 능력이 뛰어나도, 윤리적 책임과 가치 판단이라는 영역에서는 인간의 역할이 절대적으로 중요하다. 기술은 도구일 뿐이며, 그 도구를 어떻게 사용하고 관리할지 결정하는 것은 결국 인간이다.

종교와 AI?

AI가 모방할 수 없는 인간의 독창성

AI가 세상을 변화시키고 있는 지금, 인간의 독창성은 단순한 선택이 아니라 반드시 지켜야 할 소중한 가치로 떠오르고 있다. AI는 방대한 데이터를 분석하고 이전에 없던 새로운 형태의 결과물을 만들고 있지만, 이 능력은 결국 기존에 축적된 지식을 조합하는 것에 불과하다.

반면 인간의 독창성은 단순한 데이터의 집합을 넘어 경험, 감정, 문화, 직관 그리고 상상력이 어우러져 새로운 세계를 창조하는 힘이다. 인간만의 독특한 창작 능력은 바로 이 '예측 불가능한' 상상력에서 비롯된다. AI는 규칙과 패턴을 따라가지만 인간은 틀을 깨고 전혀 새로운 것을 꿈꾸며 세상의 한계를 뛰어넘는 길을 만든다. AI 시대에 접어들면서 이 독창성이 더욱 빛을 발해야만 하는 이유가 여기에 있다.

예술 작품, 문학, 발명품, 과학적 발견, 모든 창조물에는 인간의 고유한 경험과 생각이 녹아 있다. 음악을 듣거나 한 폭의 그림을 감상할 때 우리는 단순한 작품이 아니라 그 안에 담긴 감정, 사연, 작가의 삶을 느낀다.

AI가 발전하면서 오히려 인간의 창의력과 상상력에 대한 요구가 커지고 있으며, 미래 사회에서는 이 능력이 개인과 공동체의 경쟁력을 좌우할 것이다. 특히 AI를 도구로 적극적으로 활용하는 사람이 그렇지 않은 사람보다 더욱 돋보이는 시대가 될 것이다.

AI는 인간의 아이디어를 보완하고 생산성을 높이는 파트너로서 기능하지만, 최초의 영감과 깊이 있는 의미 부여는 인간의 몫이다. 이 과정에서 인간의 독창성은 기술과 예술, 윤리와 철학이 만나는 접점에 위치한다. AI 시대에 단순한 모방이 아닌, 진정한 창조를 이루기 위해서는 인간만의 장기인 상상력과 직관, 그리고 감성적 판단이 더욱 중요하다. 앞으로도 인간이 세상에 새로움을 불어넣는 '원천'임을 기억해야 하며, AI가 인간의 창조성을 위협하는 적이 아니라, 보완하고 확장하는 동반자가 될 수 있도록 지혜롭게 협력해야 한다.

독창성은 단지 예술이나 문화 영역에만 국한되지 않고 다양한 산업과 사회 분야에서 창의적인 문제 해결과 혁신을 가능하게 하는 핵심 자산이다. AI가 만들어 내지 못하는 세상에 단 하나뿐인 특별한 아이디어와 세계관, 그 모든 것은 인간의 독창성에서 출발한다. 이러한 인간의 독창성이 AI 기술과 만나 협력할 때, 비로소 우리 사회는 기술과 감성, 이성과 창의가 어우러진 새로운 차원의 발전을 이룰 수 있다.

꾸준한 경험과 학습, 다양한 생각이 어우러지면서 생

겨나는 창의력은 AI 시대에 빛나는 인간의 특별한 능력임을 믿어야 한다. AI가 아무리 발전해도 결코 대체할 수 없는 인간의 독창성과 상상력이 있기에, 우리는 AI와 함께 공존하며 그 가치를 더욱 발휘하고 확장된 미래를 만들어 갈 수 있다. AI 시대에도 인간만이 할 수 있는 창의적 사고와 독창적인 표현 능력은 우리의 삶과 문화를 발전시킬 것이며, 이 과정으로 기술과 융합된 새로운 인간다움이 정립될 것이다.

인간다움의 핵심 가치

인간다움의 핵심 가치는 바로 '감정적 연결'과 '공감 능력'에 있다. 이 두 가지가 인간과 AI를 명확히 구분 짓는 중요한 요소임을 이해하는 것이 매우 중요하다. 인간이 가진 감정적 연결은 단순한 정보 교환을 넘어서는 깊고 복잡한 현상이다. 우리가 친구나 가족과 대화할 때, 단어뿐만 아니라 목소리의 떨림, 표정, 몸짓에서 감정을 읽고 그 감정에 반응한다. 이런 미묘한 신호들로 우리는 서로의 상황과 마음 상태를 파악하고, 이해와 위로를 건넬 수 있다.

공감 능력은 인간만의 독특한 심리적 과정으로, 타인의 감정을 자신과 연결하고, 그 감정을 자신의 일부처럼 느끼는 능력이다. 이 과정에서는 단순한 지식이나 분석을 뛰어넘어 깊은 감정적 교류가 일어난다. 공감은 단순한 감정 모방이 아니라, 타인을 이해하고 존중하며 실제로 돕고 싶은 마음을 불러일으킨다. 예를 들어, 친구가 힘든 일을 겪을 때 우리는 자신의 고통처럼 느끼며 진심 어린 위로를 한다. 공감이 단순한 언어나 행동 이상의 것이며, 인간의 내면에서 일어나는 복합적인 감정 반응임을 보여 준다. AI는 이런 감정의 복잡한 단계나 구조를 이해할 수 없기 때문에 진정한 공감을 표현하는 데 한계가 있다.

인간은 타인과 정서적으로 연결되지 않고 홀로 고립된다면, 사회적 존재로서 살아가기 어렵다. 이런 연결은 신뢰를 쌓고 협력하며, 공동체 안에서 함께 성장하는 데 꼭 필요하다. 감정적 유대로 우리는 서로의 기쁨과 슬픔을 나누고, 공동의 목표를 위해 힘을 모을 수 있다.

AI 시대에 들어서면서 이러한 인간의 연결 관계, 신뢰 관계는 더욱 중요해질 것이다. 기술이 많은 일을 대신해 주지만, 감정을 기반으로 한 세심한 인간적 관계와 의사소통은 기계가 흉내 낼 수 없는 영역이기 때문이다. 예를 들어, 의료 현장에서 AI가 환자의 증상을 정확하게 진단하는 데 도움을 줄 수 있지만, 환자가 느끼는 불안과 고통에 공감하며 위로하는 역할은 결국 의사나 간호사의 고유한 능력이다. 이처럼 인간의 감정적 연결과 공감은 기술 발전에 의해 대체되거나 축소되는 것이 아니라 더욱 빛을 발하는 가치가 된다.

감정적 연결과 공감 능력이 AI와 구별되는 또 다른 이유는 윤리적 판단과 책임에서 드러난다. 인간은 다른 사람의 감정을 고려하며 행동하고, 자신의 결정이 타인에게 미칠 영향을 함께 고민한다. 이는 단순히 규칙을 따르는 것이 아니라 복잡한 가치 체계와 도덕적 감수성에 기반을 둔 선택이다. AI는 입력된 데이터와 알고리즘에 따라 작동하기 때문에 윤리적 판단을 스스로 내리지 못하며, 항상 인간의 통제와 설계에 의존한다. 따라서 인간의 감정적 연결과 공감은 윤리적 관계 형성의 기반이며, AI 시대에도 인간만이 할 수 있는 중요한 역할로 남는다.

인간의 감정적 연결과 공감은 개인의 심리적 안정과 사회적 웰빙에도 핵심이다. 일반적으로 인간은 사회적 유대로 스트레스를 완화하고 정서적 안정을 유지한다. 이는 행복과 삶의 만족도를 높이고 사회 전체의 건강한 발전에도 기여한다. AI가 아무리 똑똑해도 이런 심리적 도움과 깊은 정서적 지지를 제공하는 것은 불가능하다. 결국 인간다움은 우리를 가장 인간답게 만드는 정서적 유대와 타인에 대한 깊은 이해에서 출발한다.

AI와 공존하는 사회에서 우리가 가치 있게 여겨야 할 것은 감정을 나누고 공감하며 서로를 돕는 인간적 가치다. 이것은 기술이 아니라 인간의 가슴에서 우러나오는 힘이며, 우리의 정체성과 존엄을 지키는 근본이다.

학습과 미래 직업의 준비도 중요하지만, 동시에 인간만이 가진 감정적 연결과 공감 능력을 키우는 것이야말로 AI 시대를 살아가는 데 가장 큰 경쟁력이다. 기술은 도구일 뿐이며, 진정한 관계와 의미 있는 삶은 인간의 따뜻한 마음에서 나온다. 그러므로 AI 시대에도 인간다움의 핵심 가치는 변하지 않고, 오히려 그 중요성은 더욱 확고해질 것이다. 인간의 감정적 연결과 공감 능력이 바로 AI와 구별되는 본질이며, 이것이 우리의 미래를 더욱 풍요롭고 의미 있게 만드는 원동력임을 기억해야 한다.

기술을 넘어선 인간의 역할

기술이 빠르게 발전하는 현대 사회에서 AI는 우리 삶의 많은 부분을 변화시키고 있다. 하지만 AI가 아무리 똑똑해지고 능력이 뛰어나도, 윤리적 책임과 가치 판단이라는 영역에서는 인간의 역할이 절대적으로 중요하다. 기술은 도구일 뿐이며, 그 도구를 어떻게 사용하고 관리할지 결정하는 것은 결국 인간이다. AI 기술이 자율적으로 판단을 내리고 행동하는 것처럼 보여도, 그런 판단의 근간이 되는 윤리적 기준과 가치 체계는 인간이 만들어 낸 결과물이다. 따라서 인간은 기술의 한계를 인식하고, 책임감 있는 판단을 내리며, 사회와 공동체의 윤리적 기준을 지키는 데 필수 역할을 한다.

AI가 의료, 교통, 금융 등 다양한 분야에서 놀라운 성과를 내고 있지만, 그 과정에서 발생할 수 있는 윤리적 갈등과 사회적인 우려는 기술만으로 해결할 수 없다. 자율주행차가 사고 상황에 직면했을 때 누구를 먼저 보호할 것인지 결정하는 문제는 단순한 알고리즘 설계 이상의 윤리적 판단과 사회적 합의를 요구한다. 이런 문제를 해결하려면 인간의 가치관과 도덕적 기준이 반드시 고려되어야 하며, AI는 그 판단을 스스로 할 수 없다는 사실을 명확히 알아야 한다. 또한 AI가 사용하는 데이터에는 편향과 불완전성이 내재될 수 있는데, 그러한 문제가 사회적 차별이나 불공정을 심화시키지 않도록 지속적으로 감시하고 조정하는 역할도 인간이 해야 한다. 기술 개발과 운영 과정에서 인간의 윤리적 의식과 책임감이 없다면, AI는 오히려 사회 문제를 악화하는 도구가 될 것이다.

인간의 윤리적 책임은 단순히 규칙을 준수하는 차원을 넘어선다. 사회적 가치와 문화, 시대적 변화에 맞추어 윤리 기준을 재정립하고, 새로운 문제에 유연하게 대응하는 능력이 필요하다. 이는 교육과 제도, 그리고 각 개인의 도덕적 성장 없이는 불가능하며, AI가 스스로 할 수 없는 영역이다.

미래 사회에서는 AI와 인간의 협력이 더욱 중요해진다. AI가 복잡한 데이터를 처리하고 빠른 계산을 수행하는 반면, 인간은 윤리적 판단과 가치 평가에 기반을 둔 '마지막 결정자' 역할을 수행해야 한다. 이는 단지 기술적 기능을 넘어서서 사회적 신뢰와 공공의 선을 수호하는 중요한 임무다.

AI가 우리의 생각과 의식을 바꾸려는 시도가 있을 수 있다. 제공하는 맞춤형 광고나 콘텐츠 추천이 개인의 자유와 사생활을 침해하지 않도록 감시하는 것도 인간의 몫이다. 윤리성 판단은 AI 개발 과정 초기 단계부터 투명성과 공정성을 확보하는 활동을 포함한다. 알고리즘이 불공정하게 작동하지 않도록 설계하고, 다양한 이해관계자의 의견을 반영하며, 문제 발생 시 책임 소재를 분명히 하는 것이 필요하다. 이런 책임 있는 기술 개발 문화는 결국 인간의 가치관과 윤리적 기준에서 출발하며, 이를 실현하는 주체는 인간이다.

AI 시대를 살아가면서 윤리적 책임과 가치 판단의 중요성을 꼭 알아야 한다. 기술에 대한 이해뿐만 아니라, 그 기술을 어떻게 올바르게 활용할지 고민하고 사회에 긍정적 영향을 주기 위해 책임감을 느껴야 한다. 미래 사회에서는 단순히 기술을 잘 다루는 것뿐 아니라, 기술이 인간과 사회에 미치는 영향을 평가하고 조정하는 능력이 큰 자산이 될 것이다. 또한 인간만이 할 수 있는 윤리적 판단과 사회적 책임 의식은 AI 발전을 균형 있게 이끌어 가는 중추적 역할을 할 것이다. 결국 AI 시대에도 인간은 기술의 주인이자 윤리와 가치 판단의 '최종 결정권자'임을 잊지 말아야 한다.

기술을 넘어선 인간의 역할은 단순히 기능을 수행하는 것을 넘어 인류의 존엄성, 사회 정의, 그리고 미래 세대를 위한 책임을 지는 데 있다. 미래 사회는 AI와 인간이 협력하는 형태로 발전할 것이며, 이 과정에서 인간의 윤리적 책임과 가치 판단 능력이 더욱 중요해질 것이다. 따라서 우리는 기술을 이해하는 데 그치지 말고, 올바른 가치관과 윤리적 감각을 키우는 데 집중해야 한다. 이것이야말로 AI 시대를 성공적으로 살아가는 핵심 열쇠다.

참고문헌

경기일보(2024.10.16). “AI 시대와 예술적 창의성”. https://www.kyeonggi.com/article/20241016580122

레이 커즈와일(2025). 《특이점이 온다》. 김명남·장시형 옮김. 김영사.

매일경제신문(2025.5.26). “‘인간을 대체할 수는 없다’ … 세계적 발명가가 강조한 AI시대의 ‘창의성’”. https://www.mk.co.kr/news/world/11327070

박휴용(2025). “인간-AI의 윤리적 공존 가능성: 행위자-망이론, 비대표성 이론, 비판적 포스트휴머니즘의 관점에서”. 《교육문화연구》, 31(1).

윤장열(2025). “인간을 위한 AI 저널리즘: 협업과 공존의 가능성”. 《문화기술의융합》, 11(3).

이헌주(2025). 《AI를 압도하는 내면 경쟁력: 나의 가능성을 발견하는 7가지 인간다움의 힘》. 라이프앤페이지.

필립 볼(2025). 《마음의 과학: 동물에서 AI 그리고 인간까지, 모든 내면을 이해하는 과학》. 류초롱 옮김. 상상스퀘어.

AI타임스(2024.5.6). “AI에 대한 인식 전환 주장… ‘인간 가능성 확장할 인지 파트너’”. https://www.aitimes.com/news/articleView.html?idxno=159386

소병수

성균관대학교 법학연구원에서 인공지능 기술 발전에 따른 사회적 쟁점과 이에 대응하기 위한 법제도 개선 방안에 대해 연구하고 있다. 성균관대학교 법학과 일반대학원에서 박사 학위를 받았다. 행정법을 전공했고, 주요 연구 분야는 인공지능 기술의 안전한 활용과 육성 방안이다. 최근 1인 미디어와 가짜 뉴스 문제, 딥페이크 피해 예방, 생성형 AI로 인한 개인 정보 침해, 고령 운전자의 이동 권리의 보장을 위한 AI 기술의 활용 등 시의성 있는 주제를 중심으로 연구를 진행했다. 저서로 《생성형 AI와 워터마크》(2025)가 있으며, 논문 "미디어 영역에서 인공지능(AI) 기술의 확산과 제문제 -AI 창작물의 혼동 및 권리침해 방지를 위한 워터마크 등 식별조치를 중심으로 -"(2023), "소셜미디어상의 개인정보 활용과 보호- AI 채팅로봇 '이루다'의 개인정보 침해 사건을 중심으로 -"(2021), "1인 미디어와 가짜뉴스 규제"(2019) 등이 있다. 현재 미국, 일본, 국내의 공공 및 민간 부문에서의 경험을 바탕으로, 주요국의 법제와 정책을 비교·분석하는 연구를 중점적으로 하고 있다.